つくりおきができる！

おつまみに、おかずに最高の一品

とっておき！
マリネレシピ

小田 真規子

はじめに

　簡単かつシンプル、それなのに格段においしくなる調理法、それがマリネです。

　魚介や肉はもちろん、野菜や豆、卵、豆腐などを合わせた調味料に漬け込む（＝マリネする）だけで、味わいが変化し、保存性も高まります。特にマリネすることで生まれる多様な味わいは、野菜を食べやすくしてくれるので、たくさん野菜をとりたいときの強い味方となってくれるでしょう。また、一品加えるだけで、グッと食卓が華やかになるのもうれしいところです。

　でもマリネは、決して特別な料理ではありません。塩や砂糖に漬けるだけでも"マリネ"ですから、和食の「お浸し」「南蛮漬け」「酢じめ」などもマリネといえます。

　マリネの味わいを変化させる大事な要素は、酸味、油分、糖分の3つです。これらの組み合わせ方が、味のバリエーションにつながります。例えば、酸味は黒酢かワインビネガーか、油はオリーブ油かごま油かなど、素材との相性を考え、配合を工夫するのが、マリネづくりのポイントであり、楽しさでもあります。さらに、生のまま漬け込むか、火を通すか、乱切りかせん切りか、漬ける時間はどのくらいか、といった調理の仕方によって味わいが変化します。

　そんなふうにレシピが無限に広がり、つくって楽しく、食べて発見があるマリネ。もう、つくらない手はありませんよね。

小田真規子

Contents

2 はじめに

お店の味に挑戦!!
6 # デパ地下マリネ The Best

8 【RF1】柔らかイカと野菜のマリネ〜マスタード風味〜
10 【RF1】パリパリサラダ
12 【りょくけん】りょくけんのトマトのカプレーゼ
14 【りょくけん】トマトとネーブルのサラダ
16 【和食屋の惣菜 えん】タコとセロリのはちみつ梅マリネ
18 【和食屋の惣菜 えん】炙りカツオと長いものマリネサラダ
20 【サラダカフェ】生ハムと玉ねぎのさっぱりマリネ
22 【DAICHI by 大地を守る会】なすときのこの柚子こしょうマリネ

24 おいしいマリネづくりの極意

Chapter 1 野菜のマリネ

28 焼き野菜のチーズのせマリネ
30 菜の花とたけのこのにんにく醤油マリネ
32 焼きパプリカのエスニックマリネ
34 焼きかぶと紫玉ねぎのマリネ
36 かぼちゃのグリルスイーツマリネ
38 温野菜のバーニャカウダソースマリネ
39 里いもとねぎの赤味噌マリネ
40 トマトとアボカドのサルサマリネ
41 にんじんとカリフラワーのクミンマリネ
42 揚げなすの台湾マリネ
43 大根とニラ明太マリネ
44 日持ちする野菜のマリネ5種
　　赤かぶのエスニックマリネ／きのこのマリネ／
　　紫キャベツと紫玉ねぎのマリネ／干しれんこんのマリネ／
　　焼き長ねぎのマリネ

Chapter 2 魚・魚介のマリネ

48 アジの冷たいラタトゥイユソースマリネ
50 マグロのスパイスマリネ
52 鯛の土佐酢マリネ
54 エビのエスニックマリネ
56 カジキの蒸し煮マリネ
58 鯛とれんこんのカルパッチョマリネ
59 ホタテとキウイフルーツのマリネ
60 かきの辛味マリネ
61 イカの海苔トマトソースマリネ
62 サーモンとアボカドとトマトのマリネ
63 ムール貝のサラダマリネ
64 イワシのサワーマリネ

本書の使い方

■ 材料の表記について

1カップ…200cc（200ml）
大さじ1…15cc（15ml）
小さじ1…5cc（5ml）
少々…固体・親指と人差し指の2本でつまむ量
　　　液体・1〜2滴分
適量…ちょうどよい量を加減しながら入れる
適宜…お好みで加える。入れなくてもOK

■ アイコンについて

マリネ時間

マリネ液を加えてから味がなじむまでの漬け込み時間です。ほとんどが冷蔵庫に入れてマリネしますが、何も書いていなければ常温に置いて大丈夫です。

保存

保存期間の目安です。保存時には、粗熱をとってから必ずフタやラップをして冷蔵庫で保存してください。

※電子レンジは600Wのものを使用しています。
※6〜23ページのマリネレシピは、各メーカー提供のレシピを、著者小田真規子が再現しました。

Chapter 3 肉のマリネ

- 66 すね肉の香り酢マリネ
- 68 豚肉のイタリアンマリネ
- 70 鶏肉のモロッコ風煮込みマリネ
- 72 スペアリブの梅にんにくマリネ
- 74 鴨の和風マリネ
- 76 肉団子のルビーマリネ
- 78 豚肉のごましゃぶマリネ
- 80 鶏肉の薬味マリネ
- 81 牛肉のたたき柚子マリネ
- 82 鶏レバーのビネガーマリネ
- 83 砂肝のタプナードマリネ
- 84 揚げ手羽先のスパイス黒酢マリネ

Chapter 4 フルーツのマリネ

- 86 グレープフルーツとエビのマリネサラダ
- 88 グレープフルーツとセロリのジンマリネ
- 89 グレープフルーツと生ハムのマリネ
- 90 キウイフルーツと長いものメープルシロップマリネ
- 91 メロンとマンゴーのココナッツマリネ
- 92 リンゴとセロリのカニマヨネーズマリネ
- 93 パイナップルのジンジャーシロップマリネ
- 94 オレンジとブラックオリーブのレモンマリネ
- 95 オレンジとバナナときゅうりのミントマリネ
- 96 バナナとトマトとレーズンの黒みつマリネ
- 97 プルーンとトマトのシロップ煮マリネ
- 98 干しイチジクとれんこんの赤ワインマリネ

Chapter 5 豆腐・豆・卵・玄米のマリネ

- 100 豆腐のおつまみマリネ
- 101 厚揚げとゴーヤのおかかマリネ
- 102 大豆の和風マリネ
- 103 キドニービーンズのマリネ
- 104 ひよこ豆のスパイスサブジマリネ
- 105 レンズ豆とタコのマスタードマリネ
- 106 半熟卵のマリネ
- 107 ゆで卵の黒酢マリネ
- 108 うずら卵とオクラの梅酒マリネ
- 109 玄米とスモークサーモンのマリネサラダ

- 110 索引

アール・エフ・ワンの
The Best

サラダカフェの
The Best

りょくけんベジデリカの
The Best

和食屋の惣菜 えんの

The Best

お店の味に挑戦!!

デパ地下マリネ The Best

大手デパートに出店している選りすぐりの
惣菜店・サラダショップが集結し、
各店の人気No.1 & イチオシマリネのつくり方を大公開!
人気店のあの味を家庭で再現できます。

※現在、各販売店でお取り扱いのない
マリネもございます。ご了承ください。

DAICHI by 大地を守る会の

The Best

 人気 NO.1

柔らかイカと野菜のマリネ 〜マスタード風味〜

1992年にアール・エフ・ワンが誕生してから20年以上支持されるロングセラーのレシピを家庭用にアレンジ

■ 材料（3〜4人分）

- スルメイカ（胴のみ) ……… 2杯分
- 玉ねぎ ……… 1/2個
- きゅうり ……… 1/2本
- にんじん ……… 1/4本
- セロリ ……… 1/2本
- 紫キャベツ ……… 1枚

＜マリネ液＞
- 米酢 ……… 大さじ1
- 白ワインビネガー ……… 大さじ1
- レモン果汁 ……… 小さじ1
- 砂糖 ……… 小さじ1
- 粒マスタード ……… 小さじ1
- 塩 ……… 小さじ1/4
- 黒こしょう ……… 少々
- サラダ油 ……… 大さじ2

■ つくり方

1. イカは軟骨を除き中までよく洗う。エンペラと胴の間に指を入れて外し、皮と一緒に引き、きれいに皮をむく。塩少々（分量外）を入れた鍋でゆで、3mm幅の輪切りにする。
2. 玉ねぎは2mm幅のスライス、きゅうりとにんじんはそれぞれ5cm長さのせん切り、セロリは5cm長さのスライス、紫キャベツはせん切りにする。
3. 2の野菜を冷水につけてシャキッとさせ、しっかり水をきる。
4. ボウルに1と3を入れ、混ぜ合わせたマリネ液でマリネする。

Point

野菜のシャキシャキ感を楽しみたい人はマリネ後すぐに、しんなりとした味わいを楽しみたい人は少し置いてからいただきましょう。

 SOZAI

イチオシマリネ

パリパリサラダ

パリパリした食感が楽しい浅漬け風サラダ。
家庭用にアレンジした本レシピでは、
マリネ液に柚子果汁を加えるのがポイントです

Point
夏はセロリ、冬はレンコンなど、食材は旬に合わせてお好きな野菜を入れ替えて楽しんでください。

■ 材料（3〜4人分）

キャベツ	1/6個
大根	1/6本
きゅうり	1本
パプリカ（黄）	1/6個
ラディッシュ	5個
塩	小さじ2
＜マリネ液＞	
米酢	大さじ1と1/2
柚子果汁	小さじ1
砂糖	大さじ1と1/2
水	大さじ1/2
塩	少々
サラダ油	大さじ4

■ つくり方

1. キャベツは3〜5cm角に切り、大根は5mm厚さのいちょう切り、きゅうりは細長い乱切り、パプリカは2〜3cmの乱切り、ラディッシュは葉と茎を落とし縦に4つに切る。
2. 1の野菜に塩をふり、しんなりするまでしっかり混ぜ合わせ、3時間ほど置く。
3. 2の野菜を3回ほど水を替えながら洗い、少し塩をぬく。
4. ボウルに3を入れ、混ぜ合わせたマリネ液でマリネする。

レシピ協力

RF1（アール・エフ・ワン）

髙島屋京都店

「そうざいで食卓を豊かにしたい」をコンセプトに、184店舗を展開する惣菜店（2013年10月現在）。サラダを中心に、健康、安心・安全、鮮度にこだわったメニューを提供。

冷凍庫にストックできる
マリネに合うお手軽アイテム

RF1では、冷凍パックでの惣菜も販売。「いいものを、いつでも、手軽に」をコンセプトに、手間を惜しまず素材や調理にこだわったメニューを用意。忙しい日の献立に、また手みやげにもぴったり！

ビーフの旨み
ハンバーグ
デミグラスソース
1パック 703円

10種野菜の
グリーンポタージュ
1パック 472円

※商品ラインナップ取り扱い店舗はHP（http://www.rf-one.com）を参照願います。
※予告なしに商品内容が変更される場合がございます。

人気NO.1

りょくけんの
トマトのカプレーゼ

発売以来、りょくけんベジデリカの定番メニュー。
フルーティな香りの白ぶどう酢が、トマトの甘さと
モッツァレラチーズのまろやかさを引き立てます

■ 材料（3〜4人分）

フルーツトマト	8個（400g）
ミニトマト（黄・オレンジ・赤）	4〜5個（100g）
モッツァレラチーズ	100g
レタス・ベビーリーフ	40g
＜マリネ液＞	
白ぶどう酢	小さじ1強
オリーブ油	大さじ1
塩・こしょう	各少々
バジル（乾燥）	小さじ1
オレガノ（乾燥）	少々

■ つくり方

1. フルーツトマトはヘタを取りくし切りに、ミニトマトはヘタを取り半分に切る。レタスとベビーリーフは4cm大きさに切りさっと洗う。
2. ボウルに1のトマトを入れ、混ぜ合わせたマリネ液でマリネする。
3. 器にレタス、ベビーリーフ、モッツァレラチーズとともに2を盛る。

Point

モッツァレラチーズは、丸いひとくちタイプのものを使用すると見た目もかわいく仕上ります。大きいものを使用する場合は、一口サイズに切ってください。

トマトとネーブルの
サラダ

ネーブルとキウイの酸味を酢の替わりに、
オリーブ油と塩だけでマリネするシンプルな一品。
カラフルな色合いが食卓を明るくしてくれます

■ 材料（3〜4人分）

材料（3〜4人分）
トマト ……………………… 1個（150g）
オレンジ（ネーブル）……… 1個（200g）
キウイフルーツ …… 1と1/2個（150g）
レタス・ベビーリーフ ……………… 20g
＜マリネ液＞
　オリーブ油 ……………………… 大さじ2強
　塩 ……………………………………………… 少々

■ つくり方

1　トマトはヘタを取りくし型に切り、オレンジは皮をむいて小房に切る。キウイフルーツは皮をむいて輪切りにする。レタスとベビーリーフは4cm大きさに切りさっと洗う。
2　ボウルに1のトマトとオレンジ、キウイフルーツを入れ、混ぜ合わせたマリネ液でマリネする。
3　器にレタスとベビーリーフをはさみながら2を盛る。

Point
ボウルでマリネする際、キウイは種が散らないように最後に混ぜると美しく仕上ります。

レシピ協力

りょくけんベジデリカ

松屋銀座本店

全国の契約農家から直送される旬の野菜をたっぷり使った色鮮やかな惣菜を販売。遺伝子組み換え作物は使用せず、アミノ酸、保存料、着色料フリーの調理法で丁寧につくっています。

惣菜だけでなく新鮮でおいしい野菜・くだものも販売！
りょくけんベジデリカでは、惣菜の他に新鮮な野菜やくだものも販売しています。必要以上の農薬を使わず手間ひまかけて育てた高品質な野菜やくだものがそろっています。

※直接店舗まで行けない人は「りょくけん通販オンライン」を利用しましょう。
http://www.shop.ryokuken.co.jp/

和食屋の惣菜

人気NO.1

タコとセロリの
はちみつ梅マリネ

昆布のだしと梅干しのまろやかな酸味が利いた和風マリネ。箸休めや日本酒のおつまみにもピッタリ！「シャキッ」、「コリ」、「サクッ」といろいろな食感が楽める一品です

■ 材料（3～4人分）

ゆでタコ	100g
きゅうり	1本
セロリ	1本
大根	5cm（100g）
はちみつ梅干し	4個
昆布（1.5cm角）	8枚

＜マリネ液＞

A	白だし	大さじ4
	薄口醤油	大さじ2
	本みりん	大さじ2
	砂糖	大さじ2
	はちみつ	大さじ1
	水	1と1/2カップ

はちみつ梅干し（種を取り包丁でたたいたもの）	4個分
酢	大さじ1
サラダ油	大さじ1

■ つくり方

1 セロリは根元の硬い部分の皮をむき、大根は皮をむいておく。セロリと大根、タコ、きゅうりはすべて一口大の乱切りにする。

2 マリネ液をつくる。マリネ液のAの材料を鍋に入れ、かき混ぜながら火にかける。砂糖とはちみつが溶けたら火からおろし、残りのマリネ液の材料を加えて混ぜ合わせる。

3 2が温かいうちに1とはちみつ梅干し、昆布を混ぜ合わせ、一晩置く。

Point

白だしは、えんオリジナルの「だし茶漬け屋の出汁」（19ページ）をお使いいただくと、さらにおいしくなります。

イチオシマリネ

炙(あぶ)りカツオと長いもの マリネサラダ

メインディッシュにもなりそうなボリュームのあるマリネ。一晩マリネしたものをカツオに合わせるなど少し手間はかかりますが、丁寧につくることで味の奥行きが増します

■ 材料（3〜4人分）

カツオ（刺身用）	100g
長いも	7cm（100g）
きゅうり	1本
水菜	1/2パック（100g）
ラディッシュ	1個

＜マリネ液＞
白だし	大さじ2
本みりん	小さじ1
りんご酢	小さじ1
水	1と1/2カップ
ガーリックオイル	小さじ1

◆ドレッシング（つくりやすい量）
白だし	大さじ2
りんご酢	大さじ1
ガーリックオイル	90g

◆ガーリックオイル（つくりやすい量）
オリーブ油	1/2カップ
にんにく（みじん切り）	2片分（10g）

■ つくり方

1. ガーリックオイルをつくる。フライパンにオリーブ油とにんにくを入れ、にんにくがきつね色になるまで弱火にかける。
2. 長いもときゅうりのマリネをつくる。長いもはよく洗い、皮つきのまま一口大のいちょう切りに、きゅうりは1cm幅の輪切りにし、混ぜ合わせたマリネ液と和え、一晩置く。
3. カツオは、塩・こしょう（分量外）をし、油（分量外）を敷いたフライパンで表面だけを強火で焼き、氷水に入れて冷まし、ペーパータオルで水気をふきとる。
4. 3のカツオは2cm角に切る。水菜は5cm長さに切りさっと洗い、ラディッシュは薄くスライスしてしばらく水にさらし、水気をきる。
5. 2のマリネとカツオ、水菜を軽く混ぜ合わせて器に盛り、ラディッシュを散らし、よく混ぜ合わせたドレッシングを適量かける。

Point
長いもは味がしみにくいので、一晩じっくりマリネしましょう。

レシピ協力

和食屋の惣菜 えん

渋谷東急フードショー店

日本の美しい四季を感じさせる和の惣菜を提供。定番料理に「えん」ならではのひと手間を加えたメニューの数々は、懐かしくも新味豊か。神奈川と東京で展開中。

和風だしに鶏スープをブレンド 和食を引き立てる万能調味料

えんでは、自社惣菜の味つけに使用しているオリジナル調味料も販売。その中でも人気の商品が「だし茶漬け屋の出汁」。宗田節・鯖節・鰹節でとっただしと鶏のスープを絶妙なバランスでブレンドした希釈タイプの和風だしです。お茶漬けに、煮物に、うどんに、ドレッシングにも。

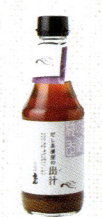

だし茶漬け屋の出汁 600円（295ml）

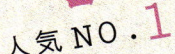

 人気NO.1

生ハムと玉ねぎの
さっぱりマリネ

玉ねぎの辛みと生ハムの塩味に、さわやかなレモンの酸味がベストマッチ。冷やした辛口の白ワインに合う、見た目もおしゃれな本格マリネです

■ 材料（3～4人分）

玉ねぎ	1個（200g）
紫玉ねぎ	1/2個（75g）
レモン	1/2個
生ハム	20枚（100g）
パセリ（みじん切り）	少々

＜マリネ液＞

A	酢	大さじ2
	玉ねぎ（すりおろし）	大さじ1
	砂糖	小さじ1
	塩	小さじ1/2
	マスタード	少々
	こしょう	適宜
サラダ油		1/2カップ

■ つくり方

1. 玉ねぎと紫玉ねぎは、薄くスライスして水にさらす。レモンは半月切りにする。
2. マリネ液をつくる。Aをよく混ぜ合わせたら、サラダ油を少しずつ加えて白くなるまで混ぜ合わせる。
3. 2に玉ねぎと紫玉ねぎを加えてマリネする。
4. 器に3と生ハム、レモンを交互に重ねて盛り、パセリを散らす。

Point
玉ねぎは5分ほど水にさらすと辛みがぬけます。また、シャキッとするので盛り付け用に少しとっておくと、盛り付けに高さが出て◎。

レシピ協力

Salad Cafe（サラダカフェ）

小田急百貨店新宿店

業務用メーカーのケンコーマヨネーズが運営するサラダショップ。家庭では思いつかない食材の組み合わせで、前菜にも、おかずにも、おつまみにもなる「サラダ料理」を提供。

**サラダカフェ公式レシピ本発売中！
計248品のサラダレシピを掲載**

サラダカフェのドレッシングやディップなど、サラダに欠かせない味の決め手レシピを掲載。盛り付けのテクニックやプロの極意も大公開。第一弾は「Salad Cafeのとっておきサラダレシピ」全147品。第二弾は「Salad Cafeのごちそう！温野菜サラダ」全101品。

各本体1300円＋税

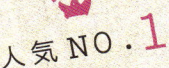

人気NO.1

DAICHI
大地を守る会

なすときのこの柚子こしょうマリネ

油と相性の良いなすはさっと揚げて、
とろりととろける食感に。
ふんわり柚子の香りが広がる和風マリネ

Point
なすは変色を防止するために、高めの温度で揚げましょう。目安は180℃で2分半。

■ 材料（3〜4人分）

なす	400g
しめじ	1/3パック
まいたけ	1/3パック
マッシュルーム（ブラウン）	2〜3個
万能ねぎ	25g
揚げ油	適量
＜マリネ液＞	
純米酢	60cc
柚子こしょう	5g
砂糖	25g
塩	3g
醤油	小さじ1/2
水	大さじ1強

■ つくり方

1. なすはヘタを落とし、3〜4等分くらいの大きめの乱切りにする。しめじは石づきを落としてほぐす。まいたけは小房に分ける。マッシュルームは石づきを落として4mm厚さにスライスする。万能ねぎは小口切りにする。

2. 揚げ油を180℃に熱し、なすを約2分半素揚げにし、熱いうちに、混ぜ合わせたマリネ液に漬け込む。

3. しめじ、まいたけ、マッシュルームはゆでて水気をよくきり、温かいうちに1の万能ねぎ半量とともに2に加える。粗熱がとれたら冷蔵庫で30分マリネする。

4. 器に3を盛り、残りの万能ねぎを散らす。

レシピ協力

DAICHI by 大地を守る会

銀座三越店

できるだけ農薬に頼らず育てた有機野菜・契約栽培野菜と無添加の調味料にこだわってつくった惣菜を提供。安心・安全な有機食材を提供する宅配サービス「大地を守る会」の直営店です。

有機栽培米からつくられる酢とうまみを引き出す塩

大地を守る会の惣菜は、調味料にもこだわっています。マリネに欠かせない酢は、有機栽培の米を使い静置発酵でじっくり醸造した「有機純米酢」。塩は、昔ながらの平釜で煮詰めた「おふくろの塩」を使用。なお、これら調味料は大地を守る会のウェブストアで購入できます。
http://www.daichi.or.jp

有機純米酢（庄分酢）
506円（500ml）

おふくろの塩
399円（1kg）

おいしいマリネづくりの極意

おいしさの決め手
"マリネ液"を極める

ひとことでマリネと言ってもいろいろなタイプのマリネがあります。食材を生のままマリネするものや、焼いてからマリネするもの、揚げてから、蒸してから、など調理方法もさまざまです。また、食材も野菜、魚介、肉、豆など幅広く楽しめるので、マリネのおいしさは無限大です。ここではおいしさの決め手となるマリネ液について勉強しましょう。

マリネ液の種類を知る

マリネ液の役割は食材に味をつけることですが、さっぱりといただきたいときの油を加えないマリネ液や、味をしっかりからめたいときのペースト状のマリネ液など、種類は幅広くあります。ここでは代表的な6つのマリネ液をご紹介します。

1 オイルを混ぜるマリネ液

一般的で食材を問わず応用できます。いわゆるフレンチドレッシングに似ており、オールマイティーなマリネ液です。

2 ノンオイルのマリネ液

みょうがやオクラ、長ねぎなど和風食材と合わせやすいマリネ液です。煮浸しや揚げ浸し、浅漬けなどに使用されます。

3 食材をみじん切りにして食べるマリネ液

トマトやパプリカなど、水分の多い野菜でマリネ液をつくります。酸味や甘みなど、その素材がもつ味を利用します。

4 ミキサーにかけたディップ風マリネ液

スナップエンドウや砂肝など表面に凹凸が少ない食材は、ディップやペーストタイプのマリネ液が◎。食材に味がしっかりからみます。

5 決まった順番で混ぜるマリネ液

ペースト状のものを少しずつ伸ばす時や、分離しないために順番を守って混ぜるマリネ液もあります。

6 決まった順番にふりかけるマリネ液

マリネ液を混ぜ合わさずに順にふりかけることで、ゆっくり味がなじみ、食べる場所によって味の変化が楽しめます。

「酢」を使い分ける

マリネ液に欠かせない味のひとつに酸味があります。まずは一般的な酢の使い分けを勉強しましょう。酢は穀物を主原料とする穀物酢と果実を原料とする果実酢に分けられます。その中でも種類があるので、合わせる食材やジャンルによって使い分けてください。

穀物酢

穀物酢
一般的に「酢」と呼ばれている日本で最もポピュラーな醸造酢です。酸味が強いので、しょうがや唐辛子など辛味の強い食材に合います。

米酢（よねず）
米を主原料としたまろやかな酢です。酸味をおさえたい時は、穀物酢より米酢を使うとよいでしょう。ジャンルを問わず使用できます。

黒酢
玄米を使用した酢で、うまみ成分が豊富で、色が濃く出るのも特徴です。中華の食材にもよく合います。

鎮江黒酢
中華料理に深みとコクをプラスし、黒酢よりもさらに本格的な風味になります。鎮江香酢とも呼ばれています。

果実酢

リンゴ酢
リンゴからつくられているフルーティで甘みのある酢です。くだものとの相性がよく、口あたりの軽いマリネに仕上がります。

バルサミコ酢
ぶどうからつくられる酢で、イタリアンに仕上げたい時に使用します。フルーティな甘みとコクが特徴です。

赤ワインビネガー
バルサミコ酢と穀物酢を割ったような色味で、ふくよかな香りが特徴です。赤身の肉やドライフルーツを使ったマリネと相性◎。

白ワインビネガー
シャープな酸味でキレやコクがあり、油っぽいものをさっぱりと仕上げてくれます。特に魚介の洋風マリネにピッタリです。

酢の替わりに使用する柑橘類

レモン
強い酸味とほのかな苦みがあり、ジャンルを問わず幅広く使用できますが、特に香辛料を多く使ったマリネに使用すると、酸味が負けず、さわやかに仕上げてくれます。

オレンジ（またはオレンジジュース）
甘みとほどよい酸味で、レモンよりやさしい味に仕上がります。洋風のマリネにピッタリです。

ライム
エスニックやメキシカン料理に合う酸味と風味です。魚介や肉の揚げ物マリネと相性◎。

柚子・すだち
それぞれのアロマに特徴があり、日本人が好きな香りです。和のマリネのアクセントに使用します。

「油」を使い分ける

マリネ初心者でも始めやすいのが、オイル入りのマリネ液を使ったマリネ料理です。ほどよく食材に味がからみ、時にはコクを足してくれます。和風、洋風、中華風など、つくるマリネに合わせて油を使い分けてください。

和風　サラダ油

クセがなく、どんなマリネにも使用できる基本の油です。ただ和風のマリネには少し重いので、菜種油などの軽い油を合わせて使うのがベストです。

洋風　オリーブ油

イタリアンをはじめ、洋風のマリネに合います。加熱する場合はピュアオイルで、生で使用する場合はエクストラバージンオイルが◎。風味が強いので、マイルドにしたい時はサラダ油を加えます。

中華風　ごま油

煎ったごまの風味を生かした油。和食や中華料理に好相性で、香ばしい風味をプラスしてくれます。少し重い油なのでサラダ油と合わせて使うこともあります。

どれか1つあると便利な油3種

サラダ油、オリーブ油、ごま油と合わせることで、マリネの味がさらに広がります。

菜種油

熱に強く、酸化しにくいのが特徴です。食材は選びませんが、風味が弱いので生で食べるサラダマリネやフライにピッタリです。

グレープシードオイル

軽くサラサラしていて、野菜や魚介を使用した生のマリネに向いています。菜種油の代用にもなります。

太白ごま油

ごまを煎らず生のまま絞るので特有の色や香りが少なく、中華に限らず和風や洋風のマリネにも合います。

「糖」を使い分ける

最後はマリネの味をととのえる糖分についてです。甘さにもいろいろあり、風味や色だけでなく、食感や合わせる調味料との混ざり具合なども重要です。

砂糖

一般的に日本では上白糖をさします。マリネ液では煮詰めて使用することが多いです。

三温糖

黄褐色で、独特の風味とコクのある甘さが特徴です。上白糖と黒糖の中間の味わいが楽しめます。

黒糖

サトウキビからつくられた甘みととろみが強い砂糖で、独特の香りがアクセントになってくれます。

グラニュー糖

純度が高く、溶かさずふりかけるタイプのマリネ液として使用すると、ジャリジャリ感も楽しめます。

はちみつ

やさしい甘さで、甘みのコクよりも他のスパイスや辛味を立たせたい時に使用するとよいでしょう。

練乳（加糖タイプ）

コンデンスミルクとも呼ばれ、濃厚な甘さと乳製品特有の風味が特徴です。かぼちゃなど甘みのある食材と相性◎。

マリネする保存容器の選び方と保存方法

マリネする保存容器は、タッパーなどでもよいのですが、熱した食材やマリネ液をそのまま入れて冷ましながら味をしみこませる方法もあるので、なるべく耐熱ガラス製かホーロー製のバットを選んでください。また、保存時は、粗熱がある場合は粗熱をとってから必ずフタやラップをして、冷蔵庫に入れてください。

Chapter 1

野菜のマリネ

色とりどりの野菜をマリネ液に漬け込んで
ちょっとオシャレな一皿に！　漬け込むことで野菜の味が
やさしくなるので量もたくさんとれちゃいます。
章末の「日持ちする野菜のマリネ5種」も必読です！

Chapter 1　野菜のマリネ

— 28 —

焼き野菜の
チーズのせマリネ

オレンジのやさしい酸味とさわやかな香りが◎。
チーズの塩気が全体の味を引き締めてくれます

| マリネ時間 | 30分 |
| 保存 | 冷蔵庫で3日 |

■ 材料（3〜4人分）

- パプリカ（黄） 1個（150g）
- れんこん 200g
- ズッキーニ 1本（150g）
- ペコリーノロマーノ 30g
- ミックスハーブ 適宜

＜マリネ液＞
- にんにく（4等分に切る） 2片分
- オリーブ油 大さじ4
- A 白ワインビネガー 大さじ2
- 薄口醤油 大さじ2
- オレンジの絞り汁（またはオレンジジュース） 大さじ4

■ つくり方

1. パプリカは種とヘタを取り大きめの乱切りに、れんこんは皮をむいて8mm厚さに切る。ズッキーニは1cm厚さの輪切りにする。
2. マリネ液をつくる。ボウルにAを入れよく混ぜ合わせる。フライパンにオリーブ油とにんにくを入れ中火にかけ、にんにくが色付いて香りが出たらにんにくをボウルに加え、混ぜ合わせる。
3. れんこんを2のフライパンで片面ずつ3〜4分焼く。れんこんを取り出し、パプリカとズッキーニを片面ずつ1〜2分焼いて火を通す。
4. 保存容器に3の野菜を移し、マリネ液をかけてラップをして30分マリネする。
5. 食べる前にピーラーで削ったペコリーノロマーノを散らし、お好みでミックスハーブを添える。

> **Point**
> ペコリーノロマーノの塩分が味を引き締めてくれます。手に入らない場合は、パルミジャーノ・レッジャーノで代用しましょう。

Chapter 1　野菜のマリネ

菜の花とたけのこの
にんにく醤油マリネ

さっと揚げた春野菜にだしのうま味をしみこませます。
マリネ液に混ぜたにんにくの角切りがアクセント

マリネ時間 30分
保存 冷蔵庫で2日

■ 材料（3～4人分）

菜の花	1/2束（80g）
そら豆	30粒
ゆでたけのこ	1個（150g）
小麦粉	大さじ4～6
揚げ油	適量

＜マリネ液＞

薄口醤油	大さじ2
米酢（または穀物酢）	大さじ2
だし汁	1カップ
にんにく（5mm角に切る）	1片分

■ つくり方

1 マリネ液をつくる。マリネ液の材料をすべて混ぜ合わせる。

2 菜の花は長さを半分に、たけのこは1cm厚さのくし形に切り、そら豆は皮をむく。

3 菜の花とたけのこをボウルに入れ、小麦粉を加えてよくまぶす。少し置いて粉をなじませたら180℃の揚げ油で1～2分揚げ、油をきる。そら豆は1～2分素揚げする。

4 保存容器に3を並べ、マリネ液をかけて30分マリネする。

Chapter 1　野菜のマリネ

焼きパプリカの
エスニックマリネ

レモンとナンプラーで本格エスニック風味に。
ふわっと香る桜エビがおいしさのポイント

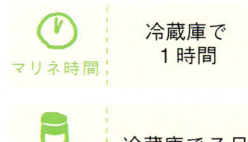

マリネ時間　冷蔵庫で1時間

保存　冷蔵庫で7日

■ 材料（3〜4人分）

パプリカ（赤・黄・オレンジ） — 各1個
バジル — 適量
＜マリネ液＞
　にんにく — 1/2片
　桜エビ — 10g
　赤唐辛子 — 1本
A｜太白ごま油（またはごま油） — 大さじ4
　米酢 — 大さじ2
　ナムプラー — 大さじ3
　レモンの皮（薄くそぐ） — 1/4個分

■ つくり方

1. マリネ液をつくる。にんにくと桜エビはみじん切りに、赤唐辛子は種を取り小口切りにし、Aとよく混ぜ合わせる。
2. パプリカはフォークに刺し、皮が真っ黒になるまで直火で焼き、冷水にとる。冷水の中で皮をむいて水気をきり、種とヘタを除いて4等分に切る。
3. 保存容器に2を並べ、マリネ液を全体にふりかける。ラップをして冷蔵庫で1時間マリネする。
4. 食べる前に細切りにし、ちぎったバジルを散らす。

Point

パプリカはヘタのワキの部分にフォークを刺し、直火で表面が真っ黒になるまで焼きます。

Chapter 1　野菜のマリネ

焼きかぶと紫玉ねぎのマリネ

バルサミコ酢がかぶの甘味を引きたてる
ちょっとオシャレなイタリアンマリネ

マリネ時間	30分
保存	冷蔵庫で1日

■ 材料（3〜4人分）

かぶ	4〜5個（300g）
ルッコラの葉	50g
紫玉ねぎ	1/4個（40g）
オリーブ油	大さじ1
ピンクペッパー	小さじ1/2

＜マリネ液＞

にんにく	1/2片
A 塩	小さじ1/2
バルサミコ酢	大さじ2
オリーブ油	大さじ2

■ つくり方

1. かぶは葉と茎を落とし、皮つきのまま6〜8等分のくし形に切る。ルッコラは4〜5cm幅、玉ねぎは薄切りにする。
2. フライパンを中火で熱し、かぶを並べてオリーブ油をふりかけ、強火で3〜4分かけて全体を焼き、焼き色をつける。
3. マリネ液をつくる。ボウルに、にんにくの切り口をこすりつけて香りづけをし、Aを加えて混ぜ合わせる。
4. かぶをマリネ液とからめたら保存容器に移し、ルッコラと玉ねぎを加える。全体を混ぜ30分マリネし、ピンクペッパーを散らし味をなじませる。

Point

かぶは味が入りにくいので、先にマリネ液にからめましょう。

Chapter 1　野菜のマリネ

かぼちゃの
グリルスイーツマリネ

かぼちゃと練乳のスイートなマリネ。
マリネ液は混ぜ合わせずに順にふりかけます

マリネ時間　30分

保存　冷蔵庫で3日

■ 材料（3～4人分）

かぼちゃ ……… 1/4個（300～350g）
アーモンド（炒り） ……………… 30g
ローズマリー …………………… 1枝
オリーブ油 …………………… 大さじ3
クレソン ……………………… 適宜
＜マリネ液＞
　白ワインビネガー ………… 大さじ2
　練乳 ……………………… 大さじ4
　塩 ………………………………… 少々

■ つくり方

1　アーモンドは縦に4つ割りする。
2　かぼちゃは種とワタを除き、皮つきのまま1～1.5cm厚さのくし形に切り、大きければ長さを半分に切る。
3　フライパンにオリーブ油を中火で熱し、2とローズマリーを入れて、片面ずつ3～4分焼き、中まで火を通す。
4　保存容器に3を並べ、粗熱をとる。白ワインビネガー、練乳、塩、1の順に散らし、30分マリネする。
5　お好みでクレソンを添える。

Point

マリネ液を混ぜ合わせずに順にふりかけていくことで、ゆっくり味がなじんでいきます。また、食べる場所によって味の変化が楽しめます。

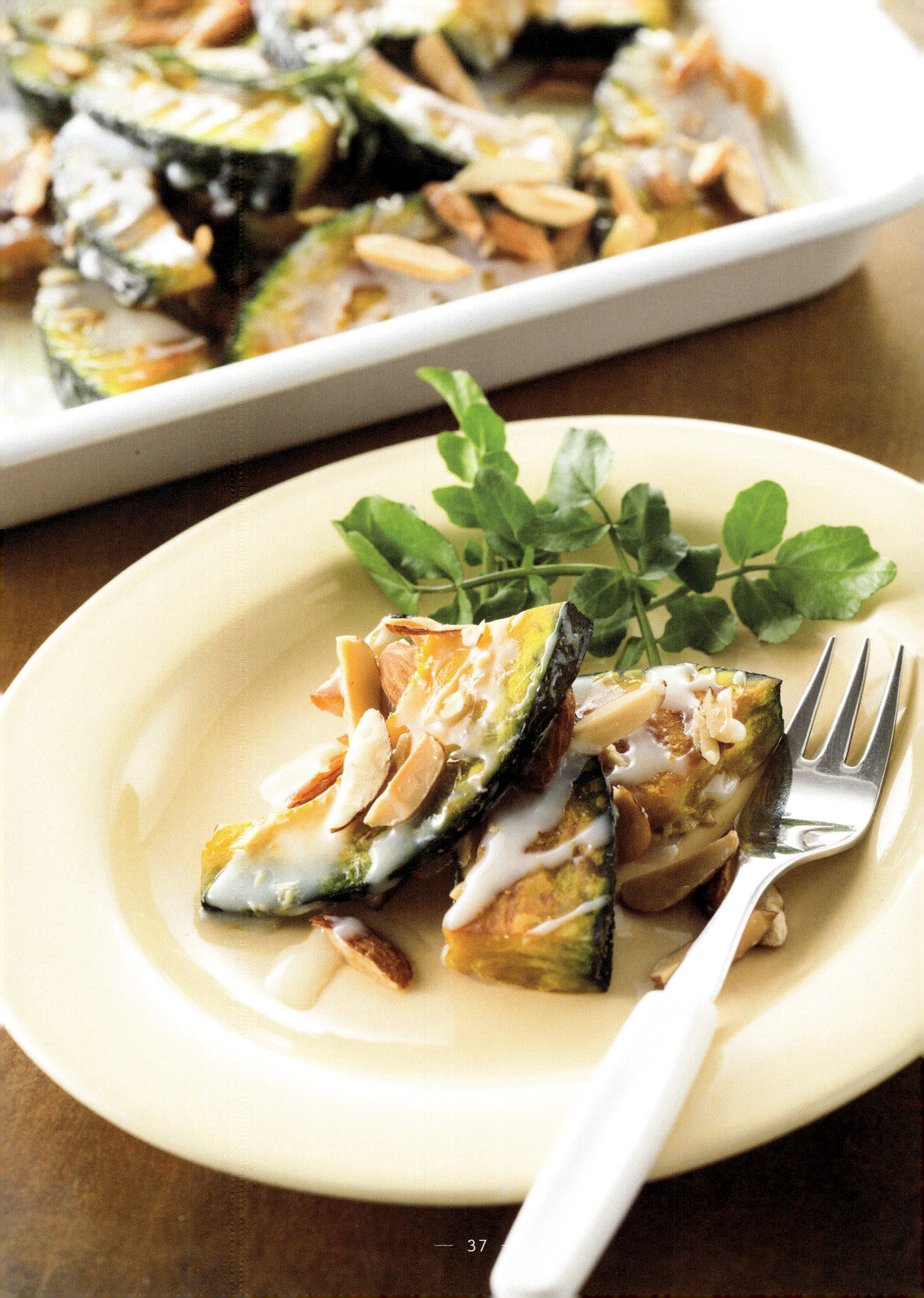

Chapter 1　野菜のマリネ

温野菜の
バーニャカウダソースマリネ

クリームチーズでつくるマリネ液が
シャキシャキ野菜によくからみます

マリネ時間　30分

保存　冷蔵庫で2日

■ 材料（3～4人分）
ブロッコリー……1/2株（100g）
スナップエンドウ……12本
アスパラガス……6本
＜マリネ液＞
　クリームチーズ……50g
A　塩……小さじ1/2
　オリーブ油……大さじ2
　にんにく（すりおろし）……1片分
　アンチョビ（フィレ）
　　……4枚（20g）
　牛乳……1/4カップ

■ つくり方
1　マリネ液をつくる。クリームチーズは室温に戻してよく練っておく。小鍋にAを入れ、アンチョビをつぶし中火にかけてよく混ぜながら1～2分煮立てる。クリームチーズにAを少しずつ加えて練り混ぜる。
2　ブロッコリーは小房に分け、大きければ半分に切る。スナップエンドウは筋をとる。アスパラガスはピーラーで縞目に皮をむき、長さを3等分にする。
3　鍋に熱湯5カップ（分量外）を沸かし、2の野菜を2～3分ゆで、冷水にとって手早く冷ましザルにとり、しっかり水気をきる。
4　3にマリネ液をからめ、保存容器に移して30分マリネする。

里いもとねぎの赤味噌マリネ

粗く砕いたくるみの食感がアクセント。
赤味噌と米酢で純和風マリネになります

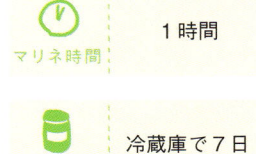

| マリネ時間 | 1時間 |
| 保存 | 冷蔵庫で7日 |

■ 材料（3〜4人分）

里いも（またはじゃがいも）
　　　　　　　　　　　300 g
長ねぎ　　　　　　　2本（200 g）
＜マリネ液＞
　くるみ（炒り）　　　　30g
　A｜長ねぎ（みじん切り）
　　　　　　　1/4本分（20 g）
　　｜八丁味噌（または赤味噌）
　　　　　　　　　　　　50 g
　　｜みりん　　　　　　大さじ2
　太白ごま油　　　　　1/3カップ
　米酢　　　　　　　　　小さじ2

■ つくり方

1 マリネ液をつくる。くるみはラップに包んでヘラなどで粗くつぶし、Aとともに小鍋に入れてよく混ぜる。太白ごま油を加えたら弱火にかけ、混ぜながら2分煮立てる。火からおろして粗熱がとれたら米酢を加え混ぜる。

2 里いもは皮をむいて1cm厚さの輪切りに、長ねぎは5cmのぶつ切りにする。

3 耐熱皿に里いも並べ、水大さじ2（分量外）をふりかけ、ふんわりラップをして電子レンジで5〜6分加熱する（竹串が通ったら取り出す）。長ねぎも同様に5〜6分加熱する。

4 保存容器に汁気をきった3を並べ粗熱をとる。マリネ液をかけてラップをして1時間マリネする。

Point

▲ 里いもは水をふりかけて電子レンジで加熱するとふっくらやわらかく蒸し上がります。

Chapter 1　野菜のマリネ

トマトとアボカドの サルサマリネ

さっぱりとしたライムの酸味が決め手のマリネ。
青唐辛子のピリ辛がアクセントに

| マリネ時間 | 冷蔵庫で1時間 |
| 保存 | 冷蔵庫で1日 |

■ 材料（3～4人分）

トマト	3個（300ｇ）
アボカド	1個
ライム	1/2個
塩	小さじ2/3

＜マリネ液＞

青唐辛子	2～3本
A 玉ねぎ（みじん切り）	大さじ1
香菜（みじん切り）	大さじ1
ライムの絞り汁	大さじ2
オリーブ油	大さじ3
砂糖	小さじ1

■ つくり方

1. マリネ液をつくる。青唐辛子は縦半分に切り種を取って小口切りにし、Aと混ぜ合わせる。
2. トマトはヘタを取り6～8等分のくし形に切る。アボカドは縦に切り込みを入れてひねり、種を取って皮をむき一口大に切る。ライムは薄い輪切りにする。
3. 保存容器に2を並べ、塩をふり、マリネ液を全体にふりかけて、ラップをして冷蔵庫で1時間マリネする。

にんじんとカリフラワーの クミンマリネ

さらさらなグレープシードオイルでさっぱり仕上がる
あと1品欲しいときやつくり置きにも便利！

| マリネ時間 | 冷蔵庫で1時間以上 |
| 保存 | 冷蔵庫で7日 |

■ 材料（3～4人分）

にんじん ………… 1本（200g）
カリフラワー …… 1/4株（100g）
塩 ………………… 大さじ1/2
砂糖 ……………… 小さじ1
レーズン ………… 大さじ3
ミックスハーブ … 適宜
＜マリネ液＞
　米酢（または穀物酢）大さじ4
　グレープシードオイル（または
　オリーブ油）…… 大さじ4
　クミンシード 小さじ1/2～1
　ローリエ ……… 1枚

■ つくり方

1 にんじんは皮つきのまま斜め薄切りにしてから、せん切りに、カリフラワーは小房に分け5mm厚さの薄切りにする。
2 ボウルに1を入れて塩と砂糖をからめておく。
3 マリネ液をつくる。フライパンにグレープシードオイル大さじ2を中火で熱し、クミンシードとローリエを加える。香りが出たら火からおろし、残りのグレープシードオイルと米酢を加えて混ぜ合わせる。
4 2のボウルにレーズンを加え、マリネ液をからめ、保存容器に移してラップをし冷蔵庫で1時間以上マリネする。
5 お好みでハーブを添える。

Chapter 1　野菜のマリネ

揚げなすの台湾マリネ

なすと油の相性は抜群！　揚げなすにしみた
マリネ液がジュワッと口に広がります

| マリネ時間 | 30分 |
| 保存 | 冷蔵庫で2日 |

■ 材料（3〜4人分）

なす	4本
揚げ油	適量
玉ねぎ	1/2個（80g）
香菜	1枝（5g）

＜マリネ液＞

赤唐辛子（輪切り）	1本分
鎮江黒酢	大さじ2
米酢（または穀物酢）	大さじ2
水	大さじ2
塩	小さじ1/2〜2/3
砂糖	大さじ1
五香粉	小さじ1/4

■ つくり方

1. 玉ねぎは繊維を断つように薄く切り、長さを半分に切る。香菜は2cm幅に切る。
2. なすはヘタを取って縦半分に切り、皮目に細かく切り目を入れて長さを半分に切る。
3. 揚げ油を170℃に熱し、なすを約4〜5分揚げ、しっかり油をきる。保存容器になすを並べ、玉ねぎをのせる。
4. マリネ液の材料を鍋に入れて中火でひと煮立ちさせ、3にかけ、香菜を散らし30分マリネする。

大根のニラ明太マリネ

辛子明太子の塩味と辛味がシャキシャキ大根とマッチ。
ニラの風味が食欲をそそる漬け物風マリネ

| マリネ時間 | 冷蔵庫で30分 |
| 保存 | 冷蔵庫で3日 |

材料（3〜4人分）

- 大根 ……………… 1/2本（500g）
- 塩 ………………… 小さじ1/2
- ＜マリネ液＞
  - ニラ …………… 50g
  - 辛子明太子 …… 1腹（100g）
  - A 醤油 ………… 大さじ2
    - 砂糖 ………… 大さじ1
    - 穀物酢 ……… 大さじ1
    - 菜種油（またはサラダ油） ……… 大さじ2

つくり方

1. マリネ液をつくる。ニラは2mm幅に切り、明太子は薄皮を除き、Aと合わせてよく混ぜる。
2. 大根は皮をむき、6cm長さの拍子木切りにし、塩をからめて約15分置き、しっかり水気を絞る。
3. 2にマリネ液をからめ、保存容器に移してラップをして冷蔵庫で30分マリネする。

Chapter 1　野菜のマリネ

日持ちする野菜のマリネ5種

日曜につくって週末までおいしく食べられる！
約1週間、日持ちのするシンプルな野菜のマリネを集めました。
和食の小鉢や、洋食の付け合わせなど、重宝することまちがいなし！
マリネで常備菜も彩り豊かに!!

きのこのマリネ

3種のきのこが
たっぷり入ったマリネ。
レモンの香りと酸味が
さわやかな一品

■ 材料（3〜4人分）

エリンギ	2本（100g）
マッシュルーム（ホワイト・ブラウン）	
	14〜15個（200g）
しいたけ	6枚（100g）
レモン（薄切り）	2枚
塩	小さじ1
ピンクペッパー	小さじ1
<マリネ液>	
オリーブ油	大さじ3
白ワインビネガー	大さじ4
ディル	2本

■ つくり方

1　エリンギは長さを半分にし、薄切りにする。マッシュルームとしいたけは石づきを取り、半分に切る。
2　鍋に熱湯1ℓ（分量外）を沸かし、レモンと1を加えて約1分ゆでる。
3　2をザルにとり水気をきり、熱いうちに塩をふる。混ぜ合わせたマリネ液をよくからめ、ピンクペッパーを散らす。
4　保存容器に移し、ラップをして冷蔵庫で30分以上マリネする。

Point
きのこをゆでる時にレモンを入れることで、香りと酸味が移り、スッキリと仕上がります。

マリネ時間　冷蔵庫で30分以上
保存　冷蔵庫で7日

焼き長ねぎのマリネ

甘い長ねぎにしょうがの辛みがアクセント。
大きさをそろえて並べると見た目もキレイに

マリネ時間　30分
保存　冷蔵庫で7日

■ 材料（3～4人分）
長ねぎ　　　　　　　3本（300g）
ごま油　　　　　　　大さじ1
＜マリネ液＞
　しょうが（せん切り）
　　　　　　　　　　1片分（10g）
　紹興酒（または水）　大さじ2
　穀物酢　　　　　　大さじ3
　砂糖　　　　　　　大さじ2
　塩　　　　　　　　小さじ1/4
　赤唐辛子（種を除いたもの）
　　　　　　　　　　1本
　ごま油　　　　　　大さじ2

■ つくり方
1　長ねぎは4cm長さに切る。
2　フライパンにごま油を中火で熱し、長ねぎを表裏2分ずつ焼く。長ねぎがかぶるくらいの水（分量外）を注ぎ足し、煮立ったらフタをして弱火で3分蒸しゆでにし、水分を捨て保存容器に取り出しておく。
3　2のフライパンはゆで汁を捨てペーパータオルで軽くふきとり、マリネ液の材料を入れて混ぜながら中火にかける。煮立ったら火を止め2にかけ、粗熱がとれるまで30分マリネする。

紫キャベツと紫玉ねぎのマリネ

ハムやソーセージなど肉料理と好相性。
テーブルの彩りにも一役かってくれます

マリネ時間　冷蔵庫で1時間以上
保存　冷蔵庫で7日

■ 材料（3～4人分）
紫キャベツ　　　1/4個（350g）
紫玉ねぎ　　　　1/2個（80g）
＜マリネ液＞
　赤ワインビネガー　1/2カップ
　水　　　　　　　　1/3カップ
　砂糖　　　　　　　大さじ4
　塩　　　　　　　　小さじ1
　シナモンパウダー
　　　　　　　　　　小さじ1/2
　オリーブ油　　　　大さじ2

■ つくり方
1　紫キャベツはせん切りにし、紫玉ねぎは薄切りにし、ボウルに入れて混ぜておく。
2　小鍋にマリネ液のオリーブ油以外の材料をすべて入れ、中火にかける。煮立ったらすぐ、1に加えてさっくり混ぜ、オリーブ油を加えて全体をなじませる。
3　保存容器に移し、ラップをして冷蔵庫で1時間以上マリネする。

Chapter 1　野菜のマリネ

赤かぶのエスニックマリネ

スパイスの合わせ技で風味がアップ！
カンタンなのに味わい深いほめられレシピ

■ 材料（3〜4人分）

赤かぶ　　　　　　　　400〜500g
＜マリネ液＞
　米酢　　　　　　　　　　1カップ
　砂糖　　　　　　　　　　　30g
　ナムプラー　　　　　　　大さじ2
　クローブ　　　　　　　　　5粒
　赤唐辛子（種を除いたもの）
　　　　　　　　　　　　　　2本

マリネ時間：冷蔵庫で半日以上

保存：冷蔵庫で7日

■ つくり方

1　かぶは茎を少し残して葉を落とし、皮つきのまま2cm厚さのくし形切りにし、保存容器に並べる。
2　鍋にマリネ液の材料を入れて混ぜながら中火にかける。煮立ったら弱火にして3分煮て、火からおろし粗熱をとる。
3　1にマリネ液を注ぎ、ラップをして冷蔵庫で半日以上マリネする。

干しれんこんのマリネ

干すことでれんこんそのものの味が凝縮！
白いごはんに合う中華風おかずマリネ

■ 材料（3〜4人分）

れんこん　　　　　　　　　200g
＜マリネ液＞
　にんにく（みじん切り）
　　　　　　　　　　　　　1/2片分
　甜麺醤（テンメンジャン）　大さじ2
　穀物酢　　　　　　　　　大さじ2
　水　　　　　　　　　　　大さじ1
　ごま油　　　　　　　　　大さじ1
　サラダ油　　　　　　　　大さじ1
　塩　　　　　　　　　　　小さじ1/4

マリネ時間：15分

保存：冷蔵庫で7日

■ つくり方

1　れんこんは、皮をむき3mm厚さの半月切りにする。
2　耐熱皿にオーブンシートを敷き、れんこんを広げ、電子レンジで8〜9分加熱する。
3　オーブンシートをはずし、クーラーなどの上に乗せ、粗熱をとってから30分置いて乾かす。
4　マリネ液をよく混ぜて3をからめ、保存容器に移して15分マリネする。

Point
れんこん以外に、にんじんやごぼうなどの根菜でも応用できます。

Chapter 2

魚・魚介のマリネ

新鮮な魚や魚介に野菜をたっぷりプラスした、
ヘルシーなマリネをご紹介。
見た目もおいしい盛り付けや彩りのバランスなど
今すぐ取り入れたいテクニックが盛りだくさんです。

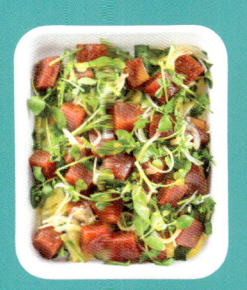

Chapter 2　魚・魚介のマリネ

アジの冷たい
ラタトゥイユソースマリネ

野菜たっぷりラタトゥイユ風のマリネ液がポイント。
冷蔵庫で冷やして召し上がれ！

マリネ時間　冷蔵庫で30分

保存　冷蔵庫で1日

■ 材料（3〜4人分）

アジ（3枚におろしたもの）
　　　　　　　　3尾分（250〜300g）
粗塩 ………………………… 大さじ2
酢 ………………………… 1/2カップ
ディル ……………………………… 1枝
＜マリネ液＞
　トマト ………………… 1個（150g）
　パプリカ（黄）………… 1/4個（40g）
　ズッキーニ …………… 1/3個（50g）
　玉ねぎ ………………… 1/4個（40g）
　A｜塩 ……………………… 小さじ1/2
　　｜ケーパー ………………… 小さじ1
　　｜白ワインビネガー ……… 大さじ1
　　｜オリーブ油 ……………… 大さじ3

■ つくり方

1　アジの身側を上にしてバットにのせ粗塩をふり、ラップをして冷蔵庫で30分置く。

2　マリネ液をつくる。トマト、パプリカ、ズッキーニ、玉ねぎはそれぞれ8mm角に切り、Aとよく混ぜ、冷蔵庫で約30分なじませる。

3　アジは冷水で塩を洗い流し、ペーパータオルで水気をふきとる。バットに入れて、全体に酢をかけ20分置く。

4　アジの腹骨をそいで皮をむき、身の表側に切り目を入れて一口大に切り、保存容器に移す。マリネ液をからめディルを散らし、ラップをして冷蔵庫で30分マリネする。

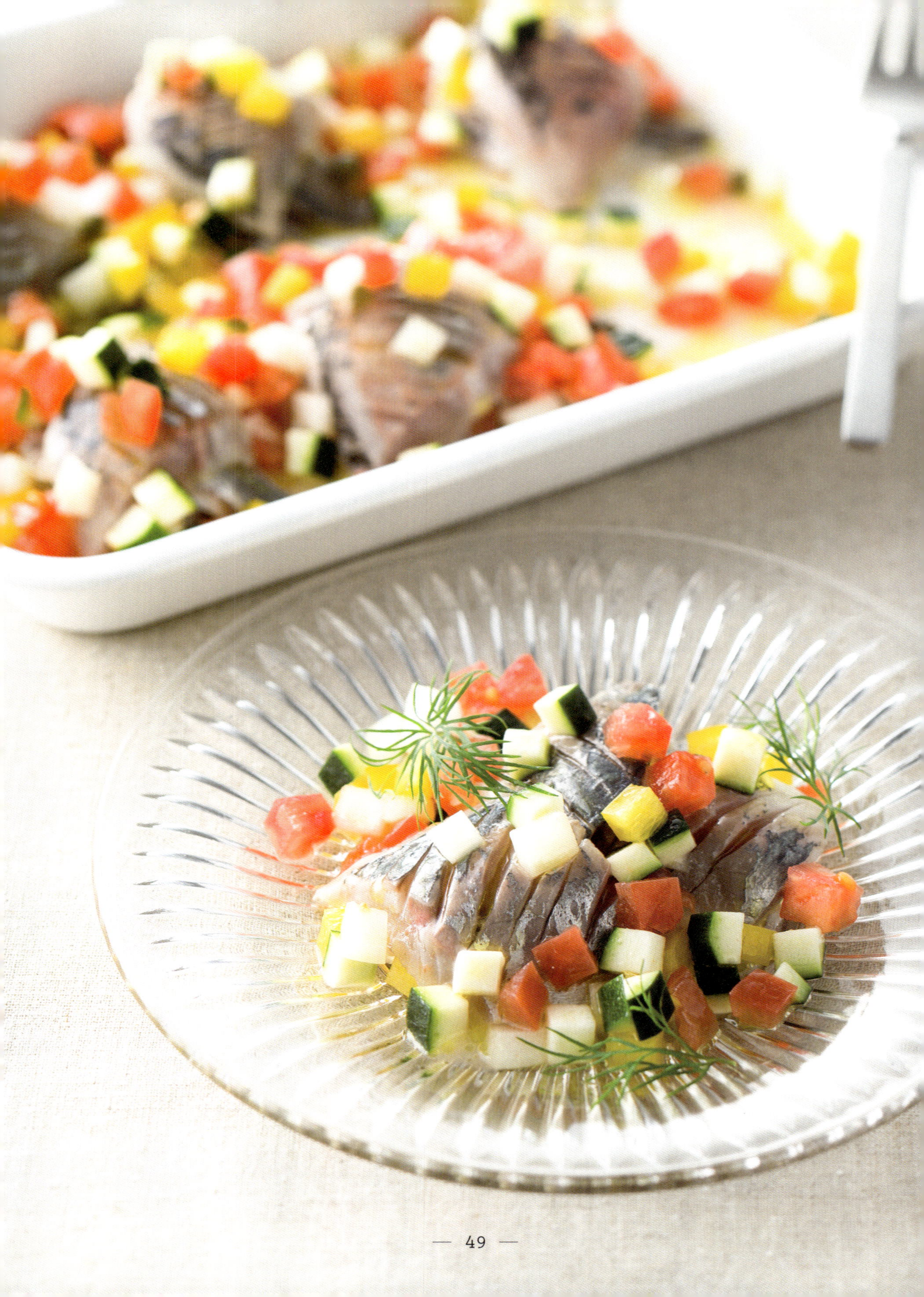

Chapter 2　魚・魚介のマリネ

マグロのスパイスマリネ

卵黄を使ったコクのあるマリネ液で
さっぱりとしたマグロの赤身を漬け込みます

マリネ時間 冷蔵庫で30分
保存 冷蔵庫で1日

■ 材料（3〜4人分）

マグロ（赤身・冊・刺身用）	300g
玉ねぎ	1個（150g）
クレソン	1束（20g）
A　カレー粉	小さじ1
醤油	小さじ2
砂糖	小さじ1
B　塩	小さじ1/2
水	大さじ2
＜マリネ液＞	
卵黄	1個
塩	小さじ1/2
砂糖	小さじ1/2
こしょう	少々
オリーブ油	大さじ3
米酢（または穀物酢）	大さじ1

■ つくり方

1. マグロは2〜3cmの角切りにし、混ぜ合わせたAをからめ、冷蔵庫で20分置く。
2. 玉ねぎは皮をむいて上下を切り落として薄切りにし、混ぜ合わせたBをからめて10分置き、さっと水洗いをして水気を絞る。クレソンは3cm幅に切る。
3. マリネ液をつくる。卵黄に塩、砂糖、こしょうを混ぜ、オリーブ油を少しずつ加えてさらによく混ぜ、とろりとしたら米酢を加えて伸ばす。
4. ペーパータオルで1の水気をかるくふきとり、2と合わせて保存容器に入れ、マリネ液をかけてラップをして冷蔵庫で30分マリネする。

Chapter 2 　魚・魚介のマリネ

鯛の土佐酢マリネ

揚げた白身魚にだし酢がしみ込みホッとする味。
野菜もたっぷりとれて栄養バランス◎

| マリネ時間 | 30分 |
| 保存 | 冷蔵庫で1日 |

■ 材料（3〜4人分）

鯛（切り身） ……………… 300g
A 薄口醤油 ……………… 大さじ1
　 酒 ………………………… 大さじ1/2
玉ねぎ ……………………… 1/2個（80g）
にんじん …………………… 50g
貝割れ菜 …………………… 10g
しょうが（せん切り） …… 1片分（10g）
小麦粉 ……………………… 1/4カップ
揚げ油 ……………………… 適量
＜マリネ液＞
　だし汁 …………………… 1/2カップ
　薄口醤油 ………………… 大さじ2
　みりん …………………… 大さじ2
　米酢 ……………………… 大さじ2

■ つくり方

1 鯛は食べやすい大きさに切り、混ぜ合わせたAをからめて5分置いておく。

2 玉ねぎは繊維を断つように薄切りにし、にんじんはよく洗い皮つきのまま薄い輪切りに、貝割れ菜は根元を切る。切った野菜はしょうがとともに混ぜ合わせておく。

3 バットに小麦粉を広げ、軽く汁気を切った1を入れる。まんべんなく小麦粉をはたきつけ、170℃に熱した揚げ油で5〜6分揚げる。

4 3の油を切って保存容器に入れ、2をのせる。混ぜ合わせたマリネ液をかけて30分マリネする。

Chapter 2　魚・魚介のマリネ

エビのエスニックマリネ

カリッと揚げているので頭から食べられます。
しっかり味がしみるのでごはんによく合います

マリネ時間	30分
保存	冷蔵庫で3日

材料（3～4人分）

サイマキエビ（または有頭エビ）	12～16本
セロリ	1本（100g）
セロリの葉	1/3本分
A 小麦粉	大さじ6
水	大さじ4
揚げ油	適量
＜マリネ液＞	
薄口醤油	大さじ2
ナムプラー	大さじ2
みりん	大さじ2
ライムの絞り汁（または白ワインビネガー）	大さじ2
太白ごま油（またはごま油）	大さじ2
ナツメグ	小さじ1/2

つくり方

1 エビはさっと洗い、ひげや脚をハサミで切る。セロリは筋を取りせん切りに、セロリの葉は粗く刻む。

2 Aを混ぜ合わせて衣をつくり、エビをくぐらせ、180℃の揚げ油で3～4分揚げる。

3 混ぜ合わせたマリネ液と1のセロリと葉を保存容器に入れてよく混ぜる。揚げたてのエビを加えて、上下を返して30分マリネする。

Point

殻つきのエビは、ひげや脚を除くと食べやすくなります。

Chapter 2 魚・魚介のマリネ

カジキの蒸し煮マリネ

主菜にもなるカジキとれんこんのマリネ。
にんにくの香りが食欲をそそります

マリネ時間　冷蔵庫で1時間以上
保存　冷蔵庫で5日

■ 材料（3〜4人分）

カジキ	4切れ（400〜500g）
れんこん	150g
セロリ	1本（100g）
塩	小さじ2
A　白ワイン	大さじ2
水	大さじ3
ドライトマト	10g
イタリアンパセリ（みじん切り）	大さじ2（10g）

＜マリネ液＞
　にんにく（薄切り） ……… 1片分
　オリーブ油 ……… 1/2カップ
　サラダ油 ……… 1/2カップ

■ つくり方

1　カジキは1切れを2〜3等分にし、塩をふる。れんこんは皮をむき大きめの乱切りに、セロリは3cm長さのぶつ切りにする。

2　ドライトマトは熱湯1カップ（分量外）に30分浸して戻し、水気をきって細切りにする。

3　フライパンに1の野菜を敷き、上にカジキを並べ、Aを加えフタをして中火で煮立ててアルコール分をとばしたら、弱火にして20分蒸して火をとめる。粗熱がとれたらカジキと野菜の水分をきって保存容器に移し、2を散らす。

4　マリネ液をつくる。3のフライパンの水気をペーパータオルでふきとり、マリネ液の材料を入れて中火にかけ、にんにくが色付くまで熱する。

5　マリネ液を3にかけ、ラップをして冷蔵庫で1時間以上マリネする。食べる前にパセリを散らす。

Point

オリーブ油だけで保存すると固まりやすいですが、サラダ油を加えることで固まりにくく、すぐにいただけます。

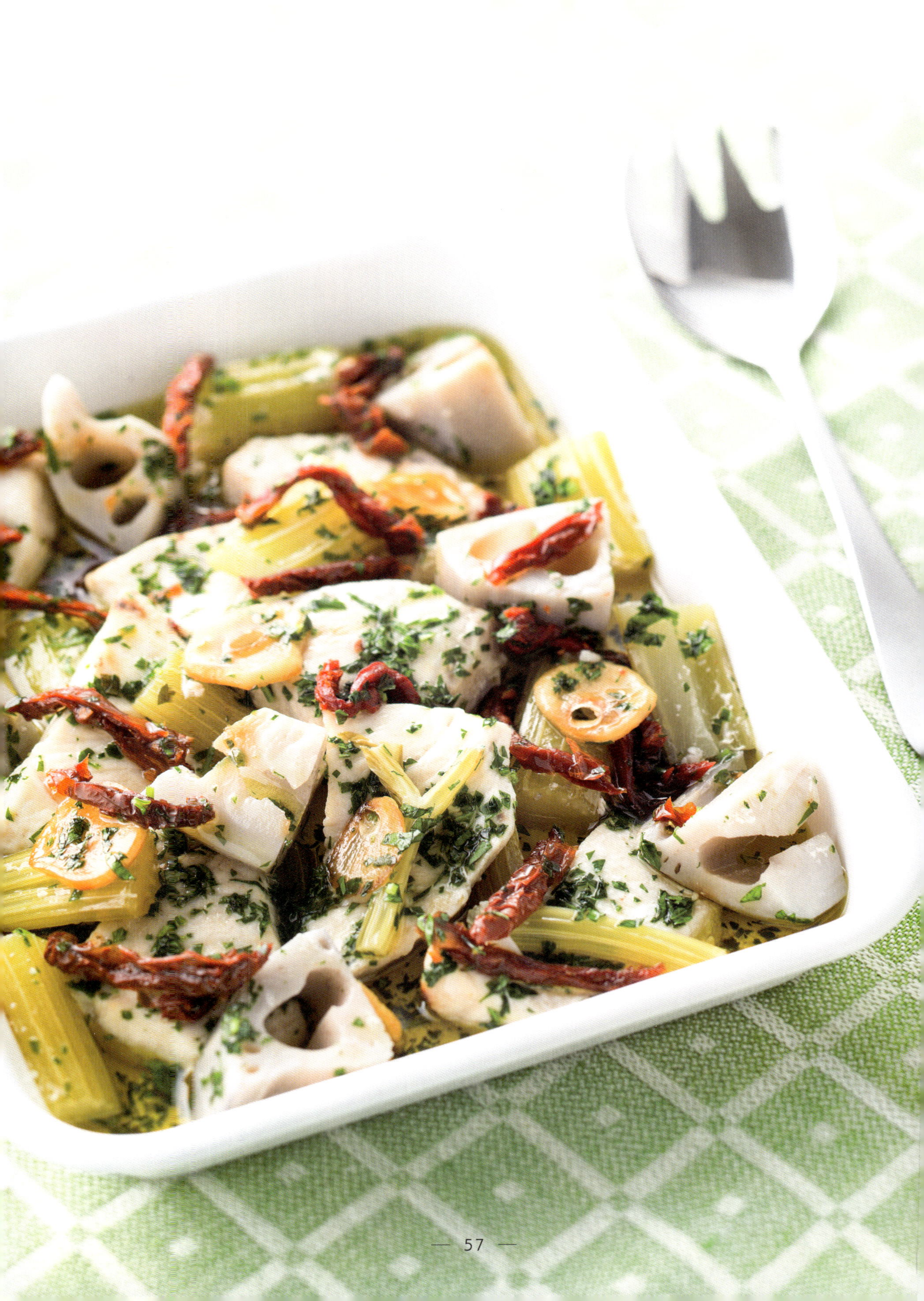

Chapter 2　魚・魚介のマリネ

マリネ時間　冷蔵庫で30分
保存　冷蔵庫で1日

鯛とれんこんのカルパッチョマリネ

オレンジのさわやかな酸味と甘みが
やさしい味に仕上げてくれます

■ 材料（3〜4人分）

鯛（冊・刺身用）	150g
れんこん	70g
紫玉ねぎ	1/8個（20g）
塩	小さじ1/4
チリペッパー	適量
タイム	適量
オレンジの皮（せん切り）	1/6個分

＜マリネ液＞

オレンジの絞り汁（またはオレンジジュース）	大さじ3
白ワインビネガー	大さじ1
塩	小さじ1/2
オリーブ油	大さじ3

■ つくり方

1　鯛は薄いそぎ切りにする。れんこんは皮をむいて薄い輪切りにし、熱湯で30秒ゆで、ザルにとって粗熱をとる。紫玉ねぎは繊維を断つように薄切りにする。

2　保存容器にれんこんを並べ鯛をのせて塩をふる。その上に紫玉ねぎとオレンジの皮を散らし、混ぜ合わせたマリネ液をかけラップをして冷蔵庫で30分マリネする。

3　食べる前にチリペッパーとタイムを散らす。

| マリネ時間 | 冷蔵庫で30分 |
| 保存 | 冷蔵庫で1日 |

ホタテとキウイフルーツのマリネ

やわらかいホタテとジューシーなキウイ、
シャキッとした歯ごたえのかぶが絶妙なおいしさ

■ 材料（3〜4人分）

ホタテ（刺身用）	6〜8個（200g）
かぶ	2個（120g）
キウイフルーツ	1個（100g）
ブラックオリーブ（輪切り）	4個分
塩	小さじ1/4
＜マリネ液＞	
白ワインビネガー	大さじ3
はちみつ	小さじ2
オリーブ油	大さじ2
塩	小さじ1/2
ホワイトペッパー	少々

■ つくり方

1. ホタテは塩をふり、ラップに包んで冷蔵庫に約30分置き、ペーパータオルで水気をふきとり薄切りにする。
2. かぶは葉と茎を除き皮つきのまま薄い輪切りにする。キウイフルーツは皮をむいて薄い輪切りにする。
3. ホタテとかぶ、キウイフルーツを交互に並べ、ブラックオリーブを散らし、よく混ぜ合わせたマリネ液をふりかけラップをして冷蔵庫で30分マリネする。

Chapter 2　魚・魚介のマリネ

かきの辛味マリネ

花山椒と豆板醤のほどよい辛さがやみつきに。
辛口のシャンパンや白ワインに合わせても◎

マリネ時間　冷蔵庫で1時間以上

保存　冷蔵庫で7日

■ 材料（3〜4人分）

かき（加熱処理用） ……… 500g
長ねぎ ……… 1本（100g）
醤油 ……… 大さじ1
太白ごま油（またはサラダ油） ……… 適量
エンダイブ ……… 適宜
＜マリネ液＞
　花山椒 ……… 小さじ1
　豆板醤 ……… 小さじ1
　にんにく（薄切り） ……… 1片分
　ごま油 ……… 大さじ2

♥ つくり方

1　マリネ液をつくる。花山椒はスプーンの背などでつぶし、豆板醤、にんにく、ごま油と混ぜ合わせる。

2　かきは海水程度の塩水（分量外・塩分量3％）でよくふり洗いして、水気をよくふいてザルにとる。長ねぎは縦半分に切り、さらに斜め薄切りにする。

3　フライパンを中火で熱し、かきを広げ入れ醤油をふり、強火にし木べらでやさしく返しながら水分が出るまで約7〜8分焼いて火を通す。

4　3に長ねぎとマリネ液を加え、ひと煮立ちさせたら保存容器に広げ入れ、熱いうちにひたひたになるくらい太白ごま油を注ぎ、ラップをして冷蔵庫で1時間以上マリネする。

5　お好みでエンダイブを添える。

イカの海苔トマトソースマリネ

イカスミのようでイカスミじゃない
磯の香りたっぷりの和×イタリアンな一皿

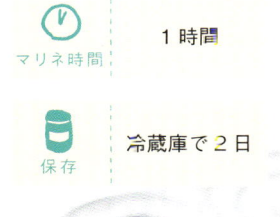

マリネ時間　1時間
保存　冷蔵庫で2日

Point
塩分量を強めに調整することでパスタソースにもなります。

■ 材料（3～4人分）

ヤリイカ（またはスルメイカ）
　　　　　2～3杯（正味300～400g）
オリーブ油　　　　　　大さじ1
バジル　　　　　　　　4～5枚
＜マリネ液＞
　ミニトマト　　　　1パック（200g）
　A｜水　　　　　　　1/2カップ
　　｜海苔（ちぎったもの）　全形3枚分
　にんにく（みじん切り）
　　　　　　　　　　　　　1片分
　塩　　　　　　　　　　小さじ1
　オリーブ油　　　　　　大さじ2

■ つくり方

1　イカは下足とわたを引き抜き、軟骨を除き、中までよく洗う。エンペラと胴の間に指を入れてはずし、皮と一緒に引き、きれいに皮をむく。胴は1.5cm幅の輪切りに、下足は吸盤を除き食べやすく切る。エンペラも食べやすく切る。

2　フライパンにオリーブ油大さじ1を中火で熱し、イカを加えて2～3分色が変わるまで炒めたら保存容器に取り出す。

3　マリネ液をつくる。Aを合わせて海苔をふやかせる。ミニトマトはヘタを取り、2等分する。2のフライパンの汚れをペーパータオルでふきとりオリーブ油大さじ2を入れ、にんにくを入れて弱火にかけ、香りが出たらAを入れ、よく混ぜながら煮立てる。半量になるまで煮詰めたら塩をふり、ミニトマトを加えてひと混ぜする。

4　マリネ液を2にかけて1時間マリネする。

5　食べる前にバジルを散らす。

Chapter 2　魚・魚介のマリネ

サーモンとアボカドとトマトのマリネ

口の中で柚子の香り広がる和風マリネ。
盛り方のアイデアが光るオシャレな一品

| マリネ時間 | 冷蔵庫で30分 |
| 保存 | 冷蔵庫で1日 |

■ 材料（3〜4人分）

サーモン（冊・刺身用）	200g
アボカド	1個
トマト	2個（200g）
A　柚子こしょう	小さじ1/2
薄口醤油	大さじ1/2
みりん	小さじ1
<マリネ液>	
柚子こしょう	小さじ1
米酢（または穀物酢）	大さじ2
グレープシードオイル（またはオリーブ油）	大さじ3
薄口醤油	大さじ1

■ つくり方

1. サーモンは薄切りにし、よく混ぜ合わせたAとからめる。
2. アボカドは半分に切り目を入れてひねって種を取り、皮をむいて薄切りにする。トマトはヘタを取り、横に3〜4等分に切る。
3. トマト1枚にアボカドを均等にのせ、水気をきった1をのせて保存容器に並べる。混ぜ合わせたマリネ液をからめ、ラップをして冷蔵庫で30分マリネする。

ムール貝のサラダマリネ

白ワインと生クリームを使ったちょっと贅沢なマリネ。
殻をスプーン替わりにしていただきましょう

マリネ時間	冷蔵庫で30分
保存	冷蔵庫で1日

■ 材料（3～4人分）

- ムール貝（アサリでも可）……20個
- 白ワイン……大さじ3
- ローリエ……1枚
- A
  - 紫玉ねぎ（5mm角に切る）……1/6個分（30g）
  - ピーマン（5mm角に切る）……1/4個分
  - トマト（8mm角に切る）……1/4個分（50g）
- ＜マリネ液＞
  - 生クリーム……大さじ3～4
  - 白ワインビネガー……小さじ1～2

■ つくり方

1. ムール貝はよく洗い、海水程度の塩水（分量外・塩分量3％）に浸して砂抜きをする。
2. ムール貝の噛んでいる足糸を外しフライパンに並べ、白ワインとローリエをふり入れフタをし、強火で蒸し煮する。口が開いてきたものから取り出し、身のついていない殻を外して保存容器に並べる。煮汁は大さじ2～3とっておく。
3. 混ぜ合わせたAを散らし、2の煮汁と混ぜ合わせたマリネ液をふりかけて、ラップをして冷蔵庫で30分マリネする。

Point

アサリでつくる場合は、なるべく大粒のものを使用してください。

Chapter 2　魚・魚介のマリネ

イワシのサワーマリネ

ほどよい酸味とハーブの香りが◎。
栄養価の高いイワシを骨ごと食べて！

マリネ時間｜冷蔵庫で1時間以上

保存｜冷蔵庫で5日

■ 材料（3〜4人分）

イワシ	5〜6尾（正味400g）
玉ねぎ	1個（150g）
にんじん	1本（150g）
A　水	1カップ
塩	大さじ3
オリーブ油	1/4カップ
<マリネ液>	
ローリエ	1枚
タイム	5〜6本
八角	1個
赤唐辛子（種を除いたもの）	1本
白ワインビネガー	1/2カップ
水	1/2カップ

■ つくり方

1　イワシはうろこを取り除き、頭と尾を落として腹を切り、内臓を抜く。2等分の筒切りにし、冷水で洗い水気をペーパータオルでふき、混ぜ合わせたAに1時間漬ける。

2　玉ねぎは皮をむき上下を切り落とし、薄い輪切りに、にんじんはよく洗い皮つきのままヘタを落として薄い輪切りにする。

3　マリネ液の材料をフライパンに入れ、中火で煮立て、1と2を加え、フタをして中火で煮立て弱火にして30分蒸し煮して火をとめる。

4　粗熱がとれたら保存容器に移し、オリーブ油をふりかけてラップをして冷蔵庫で1時間以上マリネする。

Chapter 3

肉のマリネ

メインディッシュにもなる
ボリュームたっぷりの肉のマリネレシピです。
柑橘の酸味を使ったり、ジャムのとろみや
甘みを利用したりと、新しいマリネの世界が広がります。

Chapter 3　肉のマリネ

すね肉の香り酢マリネ

香り酢につけ込んで中華の前菜風に。
しょうがで臭みをとりさっぱりと仕上げています

マリネ時間　1時間

保存　冷蔵庫で5日

■ 材料（3〜4人分）

- 牛すね肉（かたまり）　500〜600g
- 長ねぎ　1/2本（50g）
- A
  - 長ねぎ（青い部分）　1本分（30g）
  - しょうが（薄切り）　1片分（10g）
- クレソン　1束（20g）
- ＜マリネ液＞
  - ごま油　大さじ1
  - 花山椒（砕いてつぶす）　小さじ1
  - しょうが（粗みじん切り）　1片分（10g）
  - にんにく（粗みじん切り）　1片分
  - B
    - 鎮江黒酢（または黒酢）　大さじ3
    - 三温糖（または砂糖）　大さじ1
    - 八角　1個
    - 塩　大さじ1/2

■ つくり方

1. 牛すね肉は、たっぷりの熱湯（分量外）で5分ゆで、水気をきる。長ねぎはせん切りにする。
2. 1の鍋にAと牛すね肉がかぶるくらいの水（分量外）を足して中火にかける。煮立ったらあくを除き、フタを少しずらして弱火で1時間〜1時間30分ゆで、火からおろしそのまま粗熱をとる。ゆで汁は1/4カップとっておく。
3. マリネ液をつくる。別の小鍋にごま油を中火で熱し、花山椒を炒め香りが出たらしょうがとにんにくを加え、軽く炒める。2のゆで汁とBを加えてひと煮立ちさせる。
4. 牛すね肉を鍋から取り出して薄切りにし、1の長ねぎとともに保存容器に並べマリネ液をかけ、1時間マリネする。
5. クレソンは3cm長さに切り、食べる前に散らす。

Chapter 3　肉のマリネ

豚肉のイタリアンマリネ

たっぷりのトマトと豚肉がベストマッチ！
豚肉を寝かせることで味が深くなります

マリネ時間　冷蔵庫で1時間

保存　冷蔵庫で3日

■ 材料（3〜4人分）

豚肩ロース肉（かたまり） ………………… 400〜500g
塩 ……………………… 小さじ2
サラダ油 ……………… 大さじ1
A｜にんにく …………… 1片
　｜白ワイン（または酒） … 1/4カップ
　｜水 …………………… 6カップ
バジル（せん切り） ……… 5〜6枚分
フルーツトマト（またはトマト・角切り）
　……………………………… 適量

＜マリネ液＞
　フルーツトマト（すりおろし）
　　……………………… 小2個分
　にんにく（すりおろし） … 1/4片分
　塩 …………………… 小さじ1/2
　バルサミコ酢 ……… 大さじ2
　オリーブ油 ………… 大さじ2

■ つくり方

1　豚肉に塩をすりこみサラダ油をからめ、ラップに包み、冷蔵庫で半日〜3日置く。

2　1はさっと水洗いをして水分を軽くきって鍋に入れ、混ぜ合わせたAを加えて中火にかける。煮立ったらあくをとり、さらに水1カップ（分量外）を加え、少しずらしてフタをして弱火で約40分ゆで、火からおろして粗熱をとる。

3　豚肉は薄切りにして保存容器に並べ、混ぜ合わせたマリネ液をからめ、バジルと角切りトマトを散らしラップをして冷蔵庫で1時間マリネする。

Point

豚肉に塩と油をすりこみ冷蔵庫に寝かしますが、寝かせることで肉がやわらかく、味が深くなります。

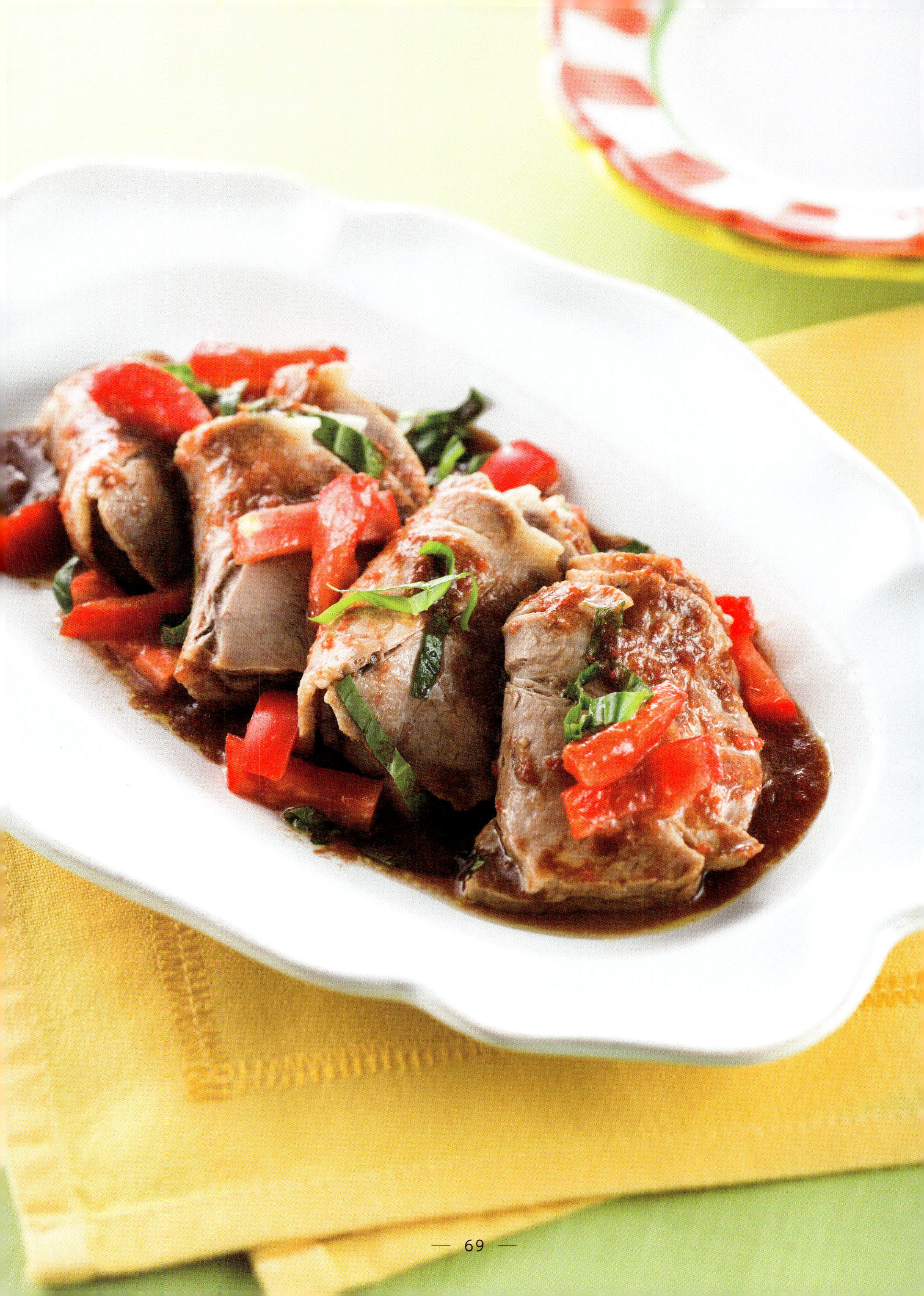

Chapter 3　肉のマリネ

鶏肉の
モロッコ風煮込みマリネ

レーズンと玉ねぎの甘みがアクセントに。
スパイスが効いたモロッコ風の煮込みマリネ

マリネ時間 30分
保存 冷蔵庫で3日

■ 材料（3〜4人分）

鶏もも肉 ……………… 2枚（500g）
A ┌ 塩 ……………………… 大さじ1/2
　├ 砂糖 …………………… 小さじ2
　└ こしょう ………………… 少々
白ワイン ………………………… 大さじ3
オリーブ油 ……………………… 大さじ1
＜マリネ液＞
　玉ねぎ ………………… 1個（150g）
　しょうが ………………… 1片（10g）
　にんにく ………………………… 1片
　コリアンダーシード ……… 小さじ1/2
　オリーブ油 …………………… 大さじ1
B ┌ レーズン ……………… 大さじ2
　├ 白ワインビネガー …… 大さじ2
　├ 水 ………………………… 1/4カップ
　└ 塩 ……………………… 小さじ1/2
　レモン（輪切り） ……………… 1/2個分
　香菜（ざく切り） ……………… 1枝（5g）

Point

マリネ液の輪切りレモンは国産のものが手に入らなければ塩をまぶして水洗いして使用しましょう。

■ つくり方

1 鶏肉は焼く20分前には冷蔵庫から出し、筋や余分な脂を取り除き、混ぜ合わせたAをまぶす。

2 フライパンにオリーブ油を中火で熱し、皮目から鶏肉を入れ5〜6分、余分な脂をペーパータオルでしっかりふき取りながら焼く。こんがり焼けたら裏返し、約30秒、白くなるまで焼き、白ワインをふってフタをし、弱火で5分くらいかけて蒸し焼きにする。保存容器に汁ごと取り出す。

3 マリネ液をつくる。玉ねぎは皮をむいて上下を落とし縦半分に切り、繊維を断つように薄切りにする。しょうがは薄切りに、にんにくは4つに切る。2のフライパンの汚れをペーパータオルでふきとり、オリーブ油大さじ1を熱し、しょうがとにんにく、コリアンダーシードを炒める。香りが出たら玉ねぎを広げて加えて2〜3分炒め、Bを加えて煮立ったら弱火にして2〜3分煮る。レモンの輪切りと香菜を加えてひと混ぜする。

4 鶏肉にマリネ液をかけて30分マリネする。

Chapter 3　肉のマリネ

スペアリブの梅にんにくマリネ

梅の酸味と塩味がアクセントに
にんにくも丸ごといただくスタミナマリネ

マリネ時間　30分
保存　冷蔵庫で1日

■ 材料（3〜4人分）

豚スペアリブ ………… 800g
塩 …………………… 小さじ1/2
小麦粉 ………………… 大さじ4
にんにく ……………… 6〜8片
サラダ油 ……………… 1カップ
レタス ………………… 4枚（120g）
＜マリネ液＞
　梅干し（種を除き包丁でたたく）
　　　　　　　　　　… 30g
A｜醤油 ……………… 大さじ2
　｜みりん …………… 大さじ2
　｜水 ………………… 大さじ2
　｜穀物酢 …………… 大さじ2

■ つくり方

1　豚スペアリブは余分な脂を切り落とし、塩をふって30分置き、小麦粉をまぶす。にんにくは薄皮を取る。

2　マリネ液をつくる。Aを小鍋に入れてひと煮立ちさせてアルコール分をとばしたら火からおろし、梅干しとともにバットに入れる。

3　フライパンに1の豚スペアリブとにんにくを並べ、サラダ油を注いで5〜6分中火にかける。泡が出てきたら強めの中火にし、さらに上下を返しながら8〜9分揚げる。からりとした揚げ色になったら油をしっかり切り、豚スペアリブとにんにくを取り出す。

4　3が熱いうちにマリネ液とからめ、保存容器に移し、ちぎったレタスを加えて30分マリネする。

Chapter 3　肉のマリネ

鴨の和風マリネ

オレンジの香りが広がるさわやかなマリネ。
見た目もキレイでパーティ料理にピッタリ！

マリネ時間　30分
保存　冷蔵庫で3日

■ 材料（3〜4人分）

- 合鴨ロース　2枚（500g）
- 塩　小さじ1/2
- こしょう　少々
- A ┌ みりん　大さじ3
  │ 醤油　大さじ3
  │ 酒　大さじ3
  │ 水　1カップ
  └ 黒こしょう（粒）　小さじ1
- 玉ねぎ　1個（150g）
- オレンジ　1/2個
- ミックスハーブ　適宜

＜マリネ液＞
- オレンジの絞り汁（またはオレンジジュース）　1/2個分
- 米酢　大さじ2
- 塩　小さじ1/2
- 太白ごま油（またはサラダ油・菜種油）　大さじ2

■ つくり方

1. 鴨肉は焼く20分前には冷蔵庫から出し、筋や余分な脂を取り除き、塩とこしょうをまぶしておく。
2. フライパンを中火で熱し、皮目から鴨肉を5〜6分、余分な脂をペーパータオルでしっかりふきとりながら焼く。こんがり焼けたら裏返し、1〜2分、白くなるまで焼いて取り出す。
3. 鍋にAを煮立てる。2の鴨肉を加えて弱火で2分煮て火から外し、そのまま粗熱がとれるまで置いておく。煮汁は1/2カップとっておく。
4. 玉ねぎは皮をむき上下を切り落とし、縦半分に切り薄切りにする。オレンジは皮をむいて薄切りにし、皮は塩をすりこんで水洗いして1/8個分をせん切りにする。3の鴨肉は薄切りにする。
5. 保存容器に玉ねぎを敷き、鴨肉とオレンジを順に並べ、オレンジの皮を散らす。3の煮汁とマリネ液の材料を混ぜ合わせ、上からかけて30分マリネする。食べる前にお好みでミックスハーブを添える。

Chapter 3　肉のマリネ

肉団子のルビーマリネ

スパイシーな肉団子にブルーベリーソースと
クリームチーズを添えていただく北欧風マリネ

マリネ時間 30分
保存 冷蔵庫で1日

■ 材料（3〜4人分）

A 合びき肉 ……………… 300g
　 玉ねぎ（みじん切り）
　 　　　　　　　 1/4個分（40g）
　 パン粉 ……… 1/4カップ（10g）
　 卵 …………………………… 1個
　 塩 ………………………小さじ1/2
　 タイム（みじん切り）…… 小さじ1
　 クローブパウダー …… 小さじ1/2
　 松の実（細かく刻む）……… 20g
クリームチーズ ……………… 100g
トレビス ……………………… 5枚
揚げ油 ………………………… 適量
＜マリネ液＞
　 ブルーベリージャム ……… 大さじ3
　 赤ワインビネガー ………… 大さじ3
　 玉ねぎ（すりおろし）
　 　　　　　　　 1/4個分（40g）
　 塩 ………………………小さじ1/2
　 オリーブ油 ………………… 大さじ2

■ つくり方

1 Aの材料をボウルに入れてよく練り混ぜ、20等分して丸める。
2 揚げ油を170℃に熱し、1を5〜6分揚げ、バットにあげて油をきる。
3 クリームチーズは室温に戻し、よく練り混ぜる。
4 トレビスは1枚を半分に切り、保存容器に敷き詰め、肉団子とスプーンですくったクリームチーズをのせる。混ぜ合わせたマリネ液をかけ、30分マリネする。

Chapter 3　肉のマリネ

豚肉のごましゃぶマリネ

ごはんがすすむごまダレ仕立ての甘辛味。
豚肉に火を通し過ぎないのがポイントです

マリネ時間　30分
保存　冷蔵庫で1日

■ 材料（3〜4人分）

豚肩ロース肉（または豚バラ肉・しゃぶしゃぶ用） ……… 300g
ほうれんそう（サラダ用） ……… 70g
にんじん ……… 1/2本（80g）

＜マリネ液＞
練り白ごま ……… 大さじ2
味噌 ……… 大さじ1
砂糖 ……… 小さじ1
醤油 ……… 大さじ1
穀物酢 ……… 大さじ2
菜種油（またはサラダ油） ……… 大さじ2

■ つくり方

1　にんじんは皮をむいてからピーラーで帯状に削る。ほうれんそうは長さ2〜3等分に切る。
2　マリネ液をつくる。練りごまはよく練って香りを出し、マリネ液の材料を順に加えながら混ぜ合わせておく。
3　鍋に1ℓの熱湯（分量外）を沸かし、差し水1カップを加えて75〜80℃まで温度を下げる。豚肉を加えて火を止め、箸でゆるやかに動かしながら2〜3分火を通し、ザルにとって粗熱をとる。
4　1と3を混ぜ合わせて保存容器に広げ、マリネ液を全体にかけて30分マリネする。

Point

▲ マリネ液の練りごまは、先によく練っておくとダマができずなめらかになり、香りも立ちます。

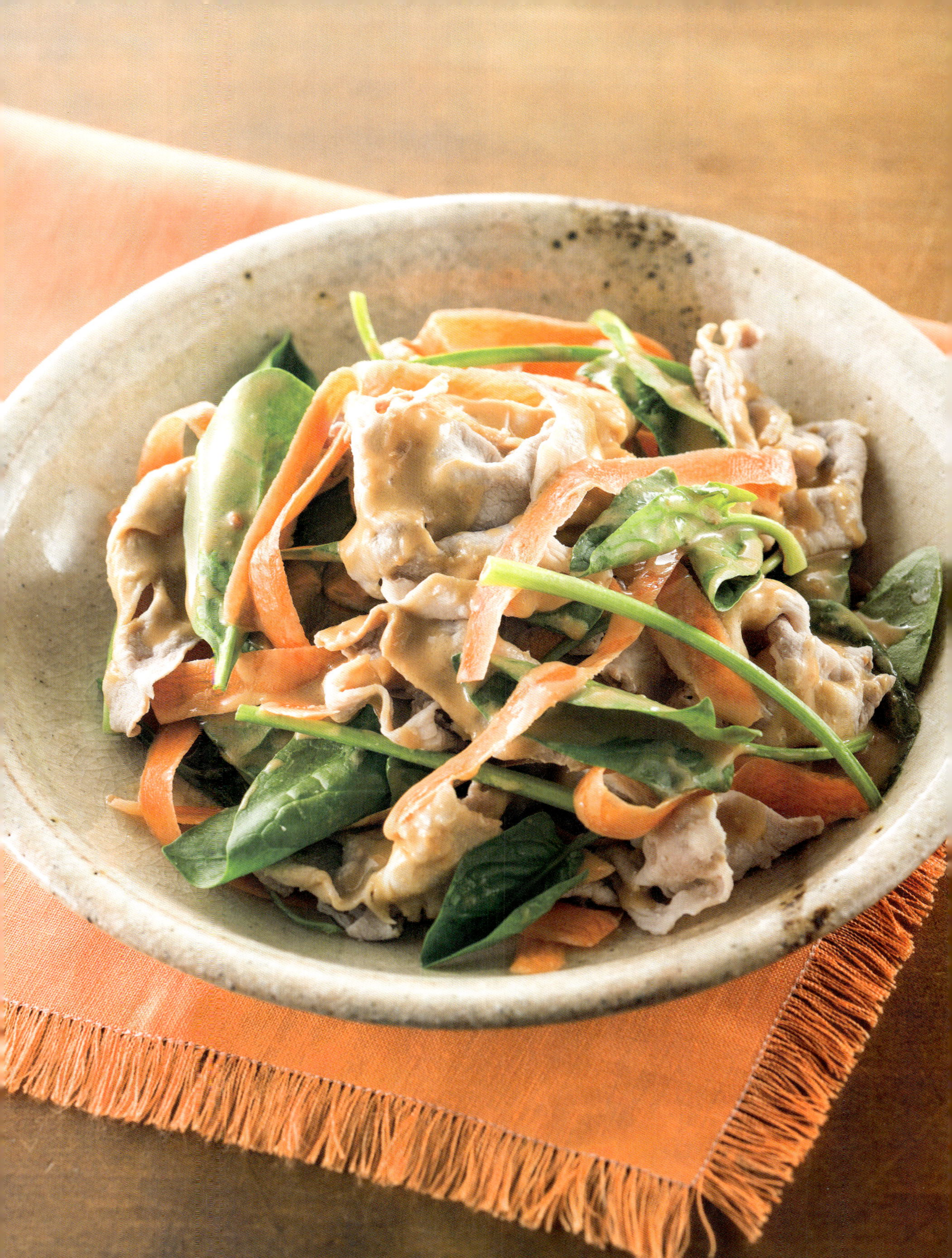

Chapter 3　肉のマリネ

鶏肉の薬味マリネ

しっとりやわらかい鶏むね肉の和風マリネ。
3種の薬味がベストマッチ!!

マリネ時間　30分

保存　冷蔵庫で2日

■ 材料（3～4人分）

鶏むね肉	2枚（400g）
塩	小さじ1/2
こしょう	少々
サラダ油	大さじ1
みょうが	6本
しょうが	2片（20g）
青じそ	8枚
オクラ	4本

＜マリネ液＞

薄口醤油	大さじ2
米酢	大さじ2
だし汁（または水）	大さじ2
砂糖	小さじ1

■ つくり方

1　鶏肉は焼く20分前には冷蔵庫から出し、塩とこしょうをまぶしておく。

2　フライパンにサラダ油を中火で熱し、皮目から鶏肉を入れ5分焼く。裏返してフタをし、弱火で3分焼き、火を止めてそのまま5分蒸らす。

3　みょうがは小口切り、しょうがと大葉はせん切りにする。オクラは塩（分量外）で板ずりし、熱湯で10秒ゆでて冷水にとり、1本を3～4等分に切る。

4　2の鶏肉をそぎ切りにし、保存容器に並べ、3の野菜をさっと混ぜて加え、混ぜ合わせたマリネ液をかけて30分マリネする。

牛肉のたたき柚子マリネ

とろけるような肉のやわらかさ。
たっぷりのねぎと一緒にどうぞ

マリネ時間　30分＋30分
保存　冷蔵庫で3日

■ 材料（3〜4人分）

牛もも肉（かたまり・ロースト
　ビーフ用）……500〜600g
塩………………小さじ1/2
サラダ油………大さじ1
青じそ…………適宜
＜マリネ液＞
　長ねぎ………1本（100g）
　柚子…………1個
　A　薄口醤油……大さじ3
　　　みりん………大さじ2
　　　水……………大さじ3
　　　昆布…………4g
　　　赤唐辛子（輪切り）…1本分

■ つくり方

1. マリネ液をつくる。長ねぎは斜め薄切りにし、柚子は輪切りにし種を除き、Aと混ぜ合わせて保存容器に入れる。
2. 牛肉は冷蔵庫から出して、表面の水気をふきとり、塩をすり込んで30分置く。
3. フライパンにサラダ油を中火で熱し、水気を軽くふきとった2を加え、全体に焼き色をつけながら5〜6分焼き、フタをして弱火で7〜8分蒸し焼きにする（途中で一度上下を返す）。
4. 牛肉を取り出し、マリネ液に浸し、アルミ箔をかぶせ、粗熱がとれるまで30分置いてマリネする。
5. 牛肉を薄切りにして容器に戻し、さらに30分マリネする。食べる前にお好みで青じそを添える。

Chapter 3　肉のマリネ

鶏レバーのビネガーマリネ

クセのあるレバーもほどよい酢の酸味でまろやかに。
ビタミン・ミネラル豊富で女性にうれしいマリネ

マリネ時間　冷蔵庫で1時間以上

保存　冷蔵庫で3日

■ 材料（3～4人分）

鶏レバー	300g
玉ねぎ	1/2個(80g)
パプリカ(黄)	1/2個(80g)
パプリカ(赤)	1/2個(80g)
<マリネ液>	
水	1/2カップ
赤ワインビネガー	2/3カップ
砂糖	大さじ6
塩	大さじ1/2
ローリエ	1枚
クミンシード(またはコリアンダーシード)	小さじ1
オリーブ油	大さじ1
赤唐辛子(種を除いたもの)	1本

■ つくり方

1　マリネ液をつくる。鍋にマリネ液の材料を入れて混ぜ、中火にかけて1分煮立て保存容器に注ぐ。

2　鶏レバーは半分に切り、冷水に20分浸して血抜きし、さらに半分に切って、血の部分を取る。玉ねぎは繊維を断つように1cm幅に切り、パプリカは小さめの乱切りにする。

3　鍋に熱湯1ℓ（分量外）を沸かし、玉ねぎとパプリカを中火で1分ゆでて取り出し、熱いうちにマリネ液に漬ける（ゆで汁は鍋に入れたままに）。

4　3の鍋にレバーを入れて2～3分ゆで、火を止め、そのまま10分余熱で火を通す。

5　4の水気をきり、マリネ液に加えて上下を返してラップをして冷蔵庫で1時間以上マリネする。

砂肝のタプナードマリネ

ケッパーの酸味とアンチョビの塩気がベストマッチ！
バゲットやクラッカーにのせて食べても◎

マリネ時間	30分
保存	冷蔵庫で7日

■ 材料（3〜4人分）

- 砂肝 ———— 500g（正味400g）
- A｜塩 ———— 小さじ1
- 　｜赤ワイン ———— 大さじ3
- 　｜水 ———— 2カップ
- バジル ———— 適宜

＜マリネ液＞
- ブラックオリーブ（種なし） ———— 70g
- アンチョビ ———— 2枚（10g）
- ケーパー ———— 小さじ2
- バジル ———— 10g
- にんにく ———— 1/4片
- オリーブ油 ———— 大さじ2
- 塩 ———— 小さじ1/2

■ つくり方

1. マリネ液をつくる。マリネ液の材料をすべてフードプロセッサーにかける。
2. 砂肝は白い筋を除き厚みを半分に切る。鍋にAを入れて煮立て、砂肝を加え中火で5分ゆでて火を止め、そのまま粗熱をとる。
3. 2の砂肝の水気をきり、マリネ液をからめて保存容器に移し、30分マリネする。

Chapter 3　肉のマリネ

揚げ手羽先の スパイス黒酢マリネ

揚げ立てをマリネ液に漬けることで味がしっかりしみ込んでジューシーに！

■ 材料（3〜4人分）

鶏手羽先	12〜14本
にんにくの茎	50g
小麦粉	大さじ3
揚げ油	適量
＜マリネ液＞	
鎮江黒酢（または黒酢）	大さじ4
はちみつ	大さじ2
塩	小さじ1
カレー粉	小さじ1
こしょう	小さじ1/2

■ つくり方

1 鶏手羽先はよく洗って関節を折り曲げキッチンバサミなどで先を切り落とし、小麦粉をはたきつける。にんにくの茎は10cm長さに切る。

2 フライパンに1.5cm深さの揚げ油を入れ、180℃に熱し、にんにくの茎を30秒揚げてバットにあげる。

3 2のフライパンに鶏手羽先を入れ、カリッとなるまで強めの中火で10〜12分揚げ、バットにあげる。

4 2と3を保存容器に入れて、混ぜ合わせたマリネ液をかけて上下を返して10分マリネする。

Point
鶏手羽先は、じっくり10分ほど時間をかけて揚げるとカリカリに揚がり、味もなじみやすくなります。

マリネ時間　10分
保存　冷蔵庫で1日

Chapter 4

フルーツのマリネ

フルーツの酸味と甘みはマリネにピッタリ！
ドライフルーツと野菜を合わせたり、
スパイスや洋酒をプラスしてリッチに仕上げるなど、
新しい組み合わせにきっと驚くはずです。

Chapter 4 フルーツのマリネ

グレープフルーツと エビのマリネサラダ

豪華なフルーツ＆海鮮マリネ。
冷やした白ワインやシャンパンにピッタリ！

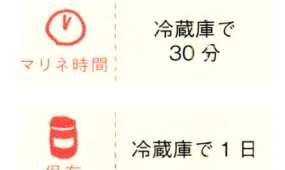

マリネ時間　冷蔵庫で30分

保存　冷蔵庫で1日

■ 材料（3～4人分）

グレープフルーツ	1個
鯛（冊・刺身用）	100ｇ
殻付エビ	6～8尾
エンダイブ	適量
A　水	1と1/2カップ
白ワイン	大さじ2
塩	小さじ1/2

＜マリネ液＞

玉ねぎ	20ｇ
セロリの葉	10ｇ
白ワインビネガー	大さじ2
塩	小さじ1
砂糖	小さじ1
オリーブ油	大さじ4
ホワイトペッパー	少々

■ つくり方

1　マリネ液をつくる。マリネ液の材料をすべてミキサーにかけ、なめらかになるまで撹拌する。

2　グレープフルーツは皮をむいて小房に分け、薄皮をむいて半分に切る。鯛はそぎ切りにし、エンダイブは大き目にちぎる。

3　小鍋にエビとAを入れて中火にかけ、煮立ったら上下を返しフタをして弱火で1～2分ゆでて火を止める。冷めたらエビを取り出し、殻をむいて厚みを半分に切る。

4　グレープフルーツと鯛、3のエビを混ぜ合わせて保存容器に入れ、マリネ液をかけてラップをして冷蔵庫で30分マリネする。

Chapter 4　フルーツのマリネ

グレープフルーツと
セロリのジンマリネ

グレープフルーツのジューシーさと
セロリのさわやかさがベストマッチ！

■ 材料（3～4人分）

グレープフルーツ	2個
セロリ	1/2本（50g）
黒こしょう（粒）	10粒
セロリの葉	適宜
<マリネ液>	
グラニュー糖（または砂糖）	大さじ2～3
ジン	大さじ2～3
塩	2つまみ

■ つくり方

1. グレープフルーツは皮をむいて小房に分け、薄皮をむく。
2. セロリは筋を取って薄い輪切りにする。黒こしょうはスプーンの背でつぶす。
3. グレープフルーツを保存容器に並べ、2をのせて混ぜ合わせたマリネ液をふりかける。ラップをして冷蔵庫で30分マリネする。
4. お好みでセロリの葉を添える。

マリネ時間：冷蔵庫で30分

保存：冷蔵庫で3日

グレープフルーツと生ハムのマリネ

グレープフルーツの酸味と生ハムの塩気がベストマッチ！
ラズベリーのさわやかな甘味がアクセントになります

マリネ時間	冷蔵庫で30分
保存	冷蔵庫で2日

■ 材料（3～4人分）

- グレープフルーツ ………………… 1/2個
- キャベツ ……………………………… 150g
- 生ハム …………………………… 4～6枚
- ラズベリー …………………………… 50g
- ＜マリネ液＞
  - ディジョンマスタード …… 大さじ1
  - 赤ワインビネガー（またはシェリービネガー） …… 大さじ1
  - 塩 …………………………… 小さじ1/2
  - オリーブ油 ………………… 大さじ2

■ つくり方

1. グレープフルーツは皮をむいて小房に分け、薄皮をむいて半分に切る。キャベツは一口大にちぎって、熱湯で固めにゆで、ザルにとって手早く冷ます。
2. 1によく混ぜ合わせたマリネ液をからめ、一口大にちぎった生ハムとラズベリーとともに保存容器に移し、ラップをして冷蔵庫で30分マリネする。

Point

ディジョンマスタードは、製造過程で白ワインを使用するため芳醇な風味があります。また、酸味が少なく辛みも独特で、上品に仕上がります。手に入らない場合は、手に入りやすいイエローマスタードで代用しましょう。

Chapter 4 フルーツのマリネ

キウイフルーツと長いものメープルシロップマリネ

キウイとメープルシロップのシンプルなマリネ液で長いもがすっかりデザートに変身!

- マリネ時間 冷蔵庫で30分
- 保存 冷蔵庫で3日

■ 材料(3〜4人分)
- キウイフルーツ　2個(200g)
- 長いも　150g
- <マリネ液>
  - キウイフルーツ　1個(100g)
  - メープルシロップ　大さじ2

■ つくり方
1. キウイフルーツ2個と長いもは、それぞれ皮をむいて薄い輪切りにして、保存容器に重ねて層になるように並べる。
2. マリネ液をつくる。キウイフルーツ1個は皮をむいてすりおろし、メープルシロップと混ぜ合わせる。
3. 1にマリネ液をふりかけ、ラップをして冷蔵庫で30分マリネする。

メロンとマンゴーの
ココナッツマリネ

ほのかなラムの香りでワンランク上のデザートに。
ドライマンゴーをマリネすることで生の果肉の食感に

| マリネ時間 | 冷蔵庫で30分 |
| 保存 | 冷蔵庫で3日 |

■ 材料（3〜4人分）

- メロン ……… 1/2個（正味300g）
- ラム酒 ……… 大さじ1
- ドライマンゴー ……… 20g
- <マリネ液>
  - ココナッツミルク ……… 1/4カップ
  - グラニュー糖（または砂糖）……… 大さじ2

■ つくり方

1. メロンは皮をむいて大きめの乱切りにし、ラム酒をふって保存容器に入れる。
2. ドライマンゴーは細切りにする。
3. 混ぜ合わせたマリネ液を1にふりかけ、2を散らしてラップをして冷蔵庫で30分マリネする。

Point

マリネ液が固くて混ざりにくいときは、牛乳または水でのばしてからからめてください。

Chapter 4　フルーツのマリネ

リンゴとセロリの
カニマヨネーズマリネ

いろいろな食感が楽しいサラダマリネ。
粒マスタードとリンゴ酢が味のポイントです

■ 材料（3～4人分）

リンゴ	1個
セロリ	1本
セロリの葉	適量
塩	小さじ1/4
カニ（ほぐし身）	100g
くるみ（炒ったもの）	30g
＜マリネ液＞	
粒マスタード	小さじ1
マヨネーズ	1/2カップ
リンゴ酢（またはレモン汁）	大さじ1
こしょう	少々

■ つくり方

1　リンゴは縦8つ割にして芯を除き、皮つきのまま8mm幅に切る。セロリは斜め薄切りにし、塩をからめて10分置いて水気を絞る。セロリの葉は一口大にちぎる。

2　1とカニに混ぜ合わせたマリネ液をからめて保存容器に移し、ラップをして冷蔵庫で30分マリネする。

3　食べる前にくるみを散らす。

マリネ時間　冷蔵庫で30分

保存　冷蔵庫で2日

パイナップルの
ジンジャーシロップマリネ

ジューシーなパイナップルにしょうがの辛みがアクセント。
練乳が全体をまろやかにしてくれます

マリネ時間	冷蔵庫で30分
保存	冷蔵庫で3日

■ 材料（3〜4人分）

パイナップル	300g
しょうが	2片（20g）
ミント	適宜

＜マリネ液＞
練乳	大さじ3
穀物酢	大さじ1

■ つくり方

1. パイナップルは1〜1.5cmのいちょう切りにする。しょうがは粗みじんに切る。
2. よく混ぜ合わせたマリネ液と1をからめ合わせ、保存容器に移して、ラップをして冷蔵庫で30分マリネする。
3. お好みでミントを添える。

Chapter 4　フルーツのマリネ

オレンジとブラックオリーブのレモンマリネ

輪切りのオレンジにつやつやオリーブを添えて……
カンタンなのにパッと目をひくオシャレな逸品

| マリネ時間 | 冷蔵庫で30分 |
| 保存 | 冷蔵庫で3日 |

■ 材料（3〜4人分）

- オレンジ　2個
- ブラックオリーブ（種なし）　10個
- ディル　3枝
- ＜マリネ液＞
  - グラニュー糖（または砂糖）　大さじ2〜3
  - レモン汁　大さじ1
  - オレンジの皮（すりおろし）　1/4個分

■ つくり方

1. オレンジは皮をむいて1.5cm厚さの輪切りにする。ディルはちぎる。
2. 1とブラックオリーブに混ぜ合わせたマリネ液をからめ、保存容器に移して、ラップをして冷蔵庫で30分マリネする。

オレンジとバナナときゅうりのミントマリネ

きゅうりのすりおろしがマリネ液を吸って
オレンジやバナナにほどよくからみます

■ 材料（3～4人分）

オレンジ	1個
バナナ	1本
きゅうり	1本
<マリネ液>	
グラニュー糖（または砂糖）	大さじ2～3
レモン汁	大さじ2
ミント	20枚

■ つくり方

1. オレンジは皮をむいて小房に切り分け、バナナは皮をむいて乱切りにする。きゅうりはピーラーでところどころ皮を縞目にむき、半分はすりおろし、残り半分は3mm幅の小口に切る。

2. 混ぜ合わせたマリネ液に1をからめ、保存容器に移して、ラップをして冷蔵庫で30分マリネする。

マリネ時間：冷蔵庫で30分

保存：冷蔵庫で3日

Chapter 4　フルーツのマリネ

バナナとトマトと
レーズンの黒みつマリネ

コクのある黒砂糖とオールスパイスがバナナと
トマトとレーズンをひとつにまとめてくれます

マリネ時間：冷蔵庫で1時間

保存：冷蔵庫で3日

■ 材料（3〜4人分）

バナナ ……………………………… 2本
ミニトマト ……………… 1パック（200g）
レーズン ………………………… 大さじ2
＜マリネ液＞
　オールスパイス ………… 小さじ1/2弱
　黒砂糖 ………………………… 大さじ4
　穀物酢 ………………………… 大さじ1

■ つくり方

1　バナナは皮をむいて1cm幅に切り、ミニトマトはヘタを取り縦半分に切る。レーズンは熱湯に30秒つけて表面のオイルコーティングを取り、ペーパータオルで水気をふく。

2　1に混ぜ合わせたマリネ液をからめ、ラップをして冷蔵庫で1時間マリネする。

Point

レーズンやプルーンはオイルコーティングがされていることが多く、そのまま使用するとマリネ液が浸透しにくいので、熱湯でオイルを落としましょう。製菓材料として売られているものやオーガニックレーズンなど、コーティングされていないものにはこの作業はいりません。

プルーンとトマトの
シロップ煮マリネ

プルーンの甘みとトマトのほのかな酸味が
マリネ液で一体となりリッチな味わいに仕上がります

| マリネ時間 | 冷蔵庫で1時間以上 |
| 保存 | 冷蔵庫で5日 |

■ 材料（3〜4人分）

ドライプルーン ……………… 200g
ミニトマト …………………… 250g
レモン汁 ……………………… 大さじ1
＜マリネ液＞
　水 …………………………… 1カップ
　赤ワイン …………………… 1カップ
　砂糖 ………………………… 50g
　クローブ …………………… 3粒

■ つくり方

1　ドライプルーンは熱湯で30秒ゆでて、表面のオイルコーティングを取る。ミニトマトはヘタを取り、熱湯で30秒ゆでて冷水にとり、皮をむく。

2　鍋にドライプルーンとマリネ液の材料を入れて中火にかける。煮立ったら弱火にして20分煮て火からおろし粗熱をとる。

3　2の鍋に1のミニトマトとレモン汁を加えて保存容器に移し、ラップをして冷蔵庫で1時間以上マリネする。

Point

プルーン以外にもイチジクやアプリコットなどのドライフルーツでも応用できます。その場合は白ワインやロゼワインに替えてもよいでしょう。

Chapter 4　フルーツのマリネ

干しイチジクとれんこんの赤ワインマリネ

**モッチリとしたドライイチジクと
シャキッとしたれんこんの歯ごたえが楽しい一品**

マリネ時間	冷蔵庫で1時間以上
保存	冷蔵庫で7日

■ 材料（3～4人分）

- ドライイチジク ……………… 80g
- れんこん ……………………… 100g
- ミックスハーブ ……………… 適宜
- ＜マリネ液＞
    - 赤ワインビネガー（またはリンゴ酢） ……………… 大さじ4
    - グレープシードオイル（またはサラダ油） ……………… 大さじ1
    - グラニュー糖（または砂糖） … 大さじ3
    - 水 ……………………………… 大さじ4
    - 塩 ……………………………… 小さじ1/2
    - 黒こしょう（粒） ……………… 少々

■ つくり方

1. マリネ液をつくる。黒こしょうはスプーンの背でつぶし、他のマリネ液の材料と混ぜ合わせる。
2. ドライイチジクは輪切りにし、マリネ液をからめ保存容器に入れる。れんこんは皮をむいて薄い輪切りにする。
3. 鍋に熱湯を沸かし、れんこんを1分ゆで、熱いうちに 2 のマリネ液と混ぜ合わせ、ラップをして冷蔵庫で1時間以上マリネする。
4. お好みでミックスハーブを添える。

Chapter 5

豆腐・豆・卵・玄米のマリネ

豆腐や豆を使った栄養たっぷりマリネから、
あると便利な卵のマリネに玄米を使った変わり種まで、
食材を選ばないマリネ料理だからこその
おいしいレシピばかりです。

Chapter 5　豆腐・豆・卵・玄米のマリネ

豆腐のおつまみマリネ

日本酒にもワインにもピッタリ！
塩分量を増やしてフランスパンにのせて食べても◎

マリネ時間　冷蔵庫で1時間以上
保存　冷蔵庫で5日

■ 材料（3〜4人分）

木綿豆腐 ・・・・・・・・・・・・・・・・・ 1丁（300g）
A｜塩 ・・・・・・・・・・・・・・ 小さじ1/2〜2/3
　｜黒こしょう（粗挽き）・・・ 小さじ1/2
　｜パプリカパウダー ・・・・・・・ 小さじ1
イタリアンパセリ（粗みじん切り）
　・・・・・・・・・・・・・・・・・・・・・・・・・・ 大さじ2
〈マリネ液〉
　にんにく（薄切り）・・・・・・・・・ 2片分
　オリーブ油 ・・・・・・・・・・・・・・ 1/2カップ

■ つくり方

1　豆腐は縦半分に切りさらに横5等分にし、ペーパータオルで軽く水分をふいて保存容器に並べ入れ、Aをまぶして10分置く。

2　フライパンにマリネ液の材料を入れ中火にかける。にんにくが色づいたら1にかけ、豆腐を崩さないようにからめる。

3　2にイタリアンパセリを加え、粗熱がとれたらラップをして冷蔵庫で1時間以上マリネする。

厚揚げとゴーヤの
おかかマリネ

さっぱりいただけるヘルシーなマリネ。
厚揚げにゴーヤをたっぷりのせて一緒にどうぞ

マリネ時間　30分
保存　冷蔵庫で2日

■ 材料（3〜4人分）

厚揚げ	2枚（300g）
ゴーヤ	1本
A　塩	小さじ1/2
水	1/2カップ
サラダ油	大さじ3
けずり節	3g

＜マリネ液＞

醤油	大さじ3
米酢	大さじ3
太白ごま油（またはサラダ油）	大さじ2
ラー油	小さじ1/2

■ つくり方

1　厚揚げは1cm幅に切る。ゴーヤは縦半分に切ってスプーンで種を除き、3mm幅に切り、混ぜ合わせたAに20分浸したあと、さっと水洗いをして軽く絞る。

2　フライパンにサラダ油を中火で熱し、厚揚げを片面ずつ4〜5分焼き、しっかり焼き色をつける。

3　保存容器に2を並べ、1のゴーヤをのせる。よく混ぜたマリネ液をかけてけずり節をふり30分マリネする。

Chapter 5　豆腐・豆・卵・玄米のマリネ

大豆の和風マリネ

大豆とラディッシュのコントラストが鮮やか！
だしをとった昆布にも味がしみるので一緒にどうぞ

| マリネ時間 | 冷蔵庫で1時間 |
| 保存 | 冷蔵庫で3日 |

■ 材料（3〜4人分）

- 大豆（水煮）……………… 150g
- きゅうり ……………………… 1本
- ラディッシュ ………………… 6個
- すだち（薄切り）…………… 2個分
- ＜マリネ液＞
  - 薄口醤油 ………………… 大さじ2
  - 米酢 ……………………… 大さじ3
  - みりん …………………… 大さじ2
  - 水 ……………………… 1/4カップ
  - 昆布 ……………………… 1.5g

■ つくり方

1　マリネ液をつくる。小鍋にマリネ液の材料を入れて中火にかけ2分煮立て、粗熱をとる。昆布を取り出し、1.5cm角に切り、マリネ液に戻す。
2　マリネ液を保存容器に移し、水気を切った大豆を加えて味をなじませる。
3　きゅうりは塩小さじ1（分量外）で板ずりして水洗いし、ピーラーでところどころ縞目に皮をむいて5mm厚さに切る。ラディッシュとすだちは5mm厚さに切る。
4　2の保存容器に3を加え混ぜ、ラップをして冷蔵庫で1時間マリネする。

キドニービーンズのマリネ

豆のやさしい甘さと水々しいパプリカ、
サラミの塩味が口の中でおいしくミックス！

| マリネ時間 | 30分 |
| 保存 | 冷蔵庫で5日 |

■ 材料（3〜4人分）

- 赤いんげん豆（水煮） ……… 250g
- パプリカ（黄） ……… 1/4個（40g）
- クレソン ……… 1束（20g）
- サラミソーセージ ……… 50g

＜マリネ液＞
- 赤ワインビネガー ……… 大さじ3
- オリーブ油 ……… 大さじ4
- 塩 ……… 小さじ1/2

● つくり方

1. パプリカはヘタを取って1cm角に切り、クレソンは3cm長さに切る。サラミは薄切りにする。
2. 水気を切った赤いんげん豆とパプリカはよく混ぜ合わせたマリネ液をからめ、保存容器に移して30分マリネする。
3. 食べる前にクレソンとサラミを混ぜ合わせる。

Chapter 5　豆腐・豆・卵・玄米のマリネ

ひよこ豆の
スパイスサブジマリネ

ひよこ豆とひき肉をカレー風味に炒めたマリネ。
ごはんにかけてドライカレー風に食べても◎

マリネ時間　30分

保存　冷蔵庫で5日

■ 材料（3〜4人分）

ひよこ豆（水煮）	250g
合びき肉	100g
玉ねぎ	1/4個（40g）
セロリ	1/2本（50g）
A しょうが（みじん切り）	1片分
クミン	小さじ1
B カレー粉	小さじ2
塩	小さじ1/2
砂糖	小さじ1

＜マリネ液＞

レモン汁	大さじ2と1/2
オリーブ油	大さじ2

■ つくり方

1. 玉ねぎは1cm角に切り、セロリは筋を取り1cm角に切る。
2. フライパンに合びき肉を広げ、中火で2〜3分焼きつけ、脂が出てきたらペーパータオルで軽く脂をふきとりAを加えて炒める。香りが出てきたら、Bを加えてさらに2〜3分炒め、水気をきったひよこ豆を加え、さっと混ぜて保存容器にあける。
3. 粗熱がとれたら、1と混ぜ合わせたマリネ液をふり30分マリネする。

レンズ豆とタコのマスタードマリネ

粒マスタードの酸味とはちみつの甘みがベストマッチ！
タコや芽キャベツにたっぷりとレンズ豆をからめてどうぞ

マリネ時間　冷蔵庫で30分

保存　冷蔵庫で3日

■ 材料（3～4人分）

レンズ豆（乾燥）	100g
ゆでタコ	150g
芽キャベツ	5～6個（100g）
玉ねぎ	1/4個（40g）
塩	適量
万能ねぎ	適宜

<マリネ液>

粒マスタード	大さじ2
白ワインビネガー	大さじ2
オリーブ油	大さじ4
はちみつ	大さじ1
塩	小さじ1/2
ホワイトペッパー	少々

■ つくり方

1 レンズ豆にたっぷりの熱湯で15分ゆで、ザルにとり粗熱をとる。
2 ゆでタコは薄くそぎ切りにする。芽キャベツは塩を加えた熱湯で固めにゆで、半分または4等分に切る。
3 玉ねぎはみじん切りにし、混ぜ合わせたマリネ液に約10分漬け込み、味をなじませる。
4 1と2を3に加え混ぜ、保存容器に移しラップをして冷蔵庫で30分マリネする。
5 お好みで万能ねぎを添える。

Chapter 5　豆腐・豆・卵・玄米のマリネ

半熟卵のマリネ

仕上げに熱々のごま油を長ねぎにかけるのがポイント。
お酒のおつまみや麺料理のトッピングにも◎！

マリネ時間　冷蔵庫で6時間〜2日

保存　冷蔵庫で1日
※2の状態で冷蔵庫で5日

■ 材料（3〜4人分）

卵 ･･････････････････ 6〜8個
長ねぎ ･･････････････ 1/2本（50g）
糸唐辛子 ････････････ 少々
ごま油 ･･････････････ 大さじ3
＜マリネ液＞
　水 ････････････････ 1カップ
　ナムプラー ････････ 大さじ3
　砂糖 ･･････････････ 大さじ1

■ つくり方

1　鍋に1ℓの熱湯（分量外）を沸かし、室温に戻した卵を入れて6分ゆでる。冷水にとって殻をむく。

2　保存容器に1と混ぜ合わせたマリネ液を入れ、冷蔵庫で6時間以上、できれば2日マリネする。

3　長ねぎはせん切りにする。

4　2の卵の水分をふき、半分に切って器に並べ、漬け汁大さじ2をかけ、長ねぎと糸唐辛子をのせる。

5　小鍋にごま油を入れて火にかけ、煙が出るまで中火で温め、4の長ねぎにかける。

ゆで卵の黒酢マリネ

黒酢の色にそまった卵を切ると鮮やかな黄色が。
しっかり味がしみて常備菜にピッタリ

マリネ時間 冷蔵庫で6時間～2日

保存 冷蔵庫で7日

■ 材料（3～4人分）

卵	6～8個
れんこん	200g
<マリネ液>	
黒酢	1/2カップ
水	1/2カップ
醤油	大さじ6
砂糖	大さじ4
ごま油	大さじ1

■ つくり方

1. マリネ液をつくる。小鍋にマリネ液の材料をすべて入れ中火にかけ、煮立ったら火をとめ、そのまま粗熱をとり保存容器に移す。
2. 別の鍋に1ℓの熱湯（分量外）を沸かし、室温に戻した卵を入れて8分ゆでる。冷水にとって殻をむき、1に漬け込む。
3. れんこんは皮をむき、3mm厚さの半月切りにし、熱湯で2分ゆで、水気をきって2に漬け込み、ラップをして冷蔵庫で6時間以上できれば2日マリネする。

Chapter 5　豆腐・豆・卵・玄米のマリネ

うずら卵とオクラの梅酒マリネ

| マリネ時間 | 冷蔵庫で1時間以上 |
| 保存 | 冷蔵庫で3日 |

甘酸っぱい梅酒をつかって甘みとコクを出します。
シャキシャキ野菜とうずらの卵にしっかり味がしみて美味！

■ 材料（3〜4人分）

うずらの卵（ゆで）……………… 12個
オクラ ……………………………… 10本
みょうが …………………………… 10個
塩 …………………………………… 適量
太白ごま油 …………………… 大さじ2
＜マリネ液＞
　梅酒 ……………………………… 1カップ
　米酢 …………………………… 2/3カップ弱
　塩 ……………………………… 小さじ2

■ つくり方

1. オクラはガクを取り、塩をまぶして板ずりし、熱湯で1分ゆでてザルにとる。みょうがは縦半分に切る。
2. マリネ液をつくる。小鍋にマリネ液の材料を入れて中火にかけ、2分煮立てたら保存容器に移す。
3. 2に太白ごま油とみょうが、うずらの卵を加え、粗熱をとりながら味をなじませる。粗熱がとれたら、斜め半分に切ったオクラを加え、ラップをして冷蔵庫で1時間以上マリネする。

玄米とスモークサーモンのマリネサラダ

マリネ時間　冷蔵庫で30分
保存　冷蔵庫で1日

栄養バランス＆ボリュームともに◎。
食事を軽めに済ませたいときや暑い日のランチなどにピッタリ！

■ 材料（3〜4人分）

玄米（炊いたもの） 200g
スモークサーモン 100g
スナップエンドウ 8本
紫玉ねぎ 1/4個（50g）
かぶ 2〜3個（200g）
レーズン 30g
塩 適量
＜マリネ液＞
　米酢（または白ワインビネガー） 大さじ6
　オリーブ油 大さじ4
　塩 大さじ1/2
　カレー粉 小さじ1

■ つくり方

1　スナップエンドウは筋を取り、塩を加えた熱湯で固めにゆで、粗熱をとって1cm幅に切る。紫玉ねぎは8mm角に切る。かぶは葉と茎を除き皮をむいて1cm角に切る。

2　保存容器にマリネ液の材料をすべて入れてよく混ぜ、玄米を加えて味をなじませる。

3　1とレーズン、3cm幅に切ったサーモンを2に加えてかるく混ぜ、ラップをして冷蔵庫で30分マリネする。

食品別索引

野菜・くだもの

あ行
青じそ…80
赤いんげん豆（水煮）…103
赤かぶ…46
アスパラガス…38
アボカド…40　62
エリンギ…44
エンダイブ…87
オクラ…80　108
オレンジ（絞り汁）…14　23　58　74　94　95

か行
貝割れ菜…52
かぶ…34　59　109
かぼちゃ…36
カリフラワー…41
キウイフルーツ…14　59　90
キャベツ…10　89
きゅうり…8　10　16　18　95　102
クレソン…50　66　103
グレープフルーツ…86　88　89
ゴーヤ…101

さ行
里いも…39
しいたけ…44
しめじ…22
香菜（シャンツァイ）…40　42　70
しょうが…45　52　66　70　80　93　104
すだち…102
ズッキーニ…28　48
スナップエンドウ…38　109
セロリ…8　16　54　56　86　88　92　104
そら豆…30

た行
大根…10　16　43
たけのこ…30
玉ねぎ…8　20　40　42　48　50　52　64　70　74　76　82　86　104　105
トマト…12　14　40　48　61　62　63　68　96　97
ドライトマト…56
トレビス…76

な行
長いも…18　90
長ねぎ…39　45　60　66　81　106
なす…22　42
菜の花…30
ニラ…43
にんじん…8　41　52　64　78
にんにくの茎…84

は行
パイナップル…93
バナナ…95　96
パプリカ…10　28　32　48　82　103
万能ねぎ…22
ピーマン…63
ブロッコリー…38
ベビーリーフ…12　14
ほうれんそう…78

ま行
まいたけ…22
マッシュルーム…22　44
水菜…18
みょうが…80　108
紫キャベツ…8　45
紫玉ねぎ…20　34　45　58　63　109
芽キャベツ…105
メロン…91

や行
柚子…81

ら行
ライム…40　54
ラズベリー…89
ラディッシュ…10　18　102
リンゴ…92
ルッコラ…34
レタス…12　14　72
レモン（汁）…8　20　32　44　70　94　95　97　104
れんこん…28　46　56　58　98　107

肉・肉加工品

牛すね肉…65
牛もも肉…81
豚肩ロース肉…58　78
豚スペアリブ…72
鶏手羽先…84
鶏むね肉…80
鶏もも肉…70
鶏レバー…82
砂肝…83
合びき肉…76　104
合鴨ロース…74
サラミソーセージ…103
生ハム…20　89

魚介・魚介加工品

アジ…48
イカ…8　61
イワシ…64
エビ…54　86
かき…60
かじき…56
カツオ…18
カニ…92
サーモン…62
鯛…52　58　86
タコ…16　105
ホタテ…59
マグロ…50
ムール貝…63
アンチョビ…38　83
桜エビ…32
スモークサーモン…109
明太子…43

卵・乳製品

うずらの卵…108
卵…50　76　106　107
牛乳…38
練乳…36　93
クリームチーズ…38　76
生クリーム…63
ペコリーノロマーノ…28
モッツァレラチーズ…12

豆・豆加工品

厚揚げ…101
木綿豆腐…100
大豆(水煮)…102
ひよこ豆…104
レンズ豆…105

粉類

小麦粉…30　52　54　72　84
カレー粉…50　84　104　109
パン粉…76

ハーブ

イタリアンパセリ…56　100
オレガノ…12
クミン(シード)…41　82　104
タイム…58　64　76
ディル…44　94
バジル…12　32　61　63　83
パセリ…20
ミント…95
ローズマリー…36
ローリエ…41　63　64　82

その他

青唐辛子…40
赤唐辛子…32　42　45　46　64　81　82
アーモンド…36
糸唐辛子…106
梅干し…16　72
くるみ…39　92
けずり節…101
ケーパー…48　83
玄米…109
ココナッツミルク…91
粒マスタード…8　92　105
ドライイチジク…98
ドライプルーン…97
ドライマンゴー…91
海苔…61
はちみつ…16　59　84　105
ブラックオリーブ…59　83　94
ブルーベリージャム…76
マスタード…20　89
松の実…76
メープルシロップ…90
レーズン…41　70　96　109

料理監修

小田真規子 Makiko Oda

料理家・フードディレクター・栄養士。女子栄養短期大学部卒業後、香川調理製菓専門学校で製菓を学ぶ。料理家のアシスタントを務めた後、1998年に独立し、有限会社スタジオナッツを設立。「誰もがつくりやすく健康に配慮した簡単でおいしい」をテーマに、メニューやレシピの提案を心がけている。特に、料理の基本やつくりおきおかず、お弁当の著書は数多く、わかりやすい説明が多くの支持を得、ベストセラーに。その他、企業のPR誌や広告、TVやラジオ出演などでオリジナルレシピを紹介している。

Staff

調理アシスタント ■ 清野絢子　松枝幸太（スタジオナッツ）
撮影 ■ 山下裕司（クラッカースタジオ）
デザイン ■ 東条加代子（enjoi.biz）
スタイリング ■ 大橋友紀（Y'sGARDEN）　太田綾子
編集 ■ 大橋友紀（Y'sGARDEN）

Special Thanks!

RF1
株式会社ロック・フィールド
お客様相談室：0120-878732

りょくけん
株式会社りょくけん東京
お問い合わせ先：0120-0147-69
（おいしいな りょくけん）

和食屋の惣菜 えん
株式会社ビー・ワイ・オー
お問い合わせ先：03-5957-5340

Salad Cafe
ケンコーマヨネーズ株式会社
お問い合わせ先：03-5962-7777

DAICHI by 大地を守る会
株式会社大地を守る会
お問い合わせ先：03-5402-8903

つくりおきができる！
おつまみに、おかずに最高の一品

とっておき！
マリネレシピ

2014年5月1日　初版発行

印刷・製本　株式会社光邦

発行者　近藤和弘
発行所　東京書店株式会社
〒160-0022　東京都新宿区新宿1-19-10-601
TEL 03-5363-0550
FAX 03-5363-0552
URL http://www.tokyoshoten.net
郵便振替口座　0018-9-21742

Printed in Japan
ISBN978-4-88574-998-8
©Makiko Oda 2014 Printed in Japan

※乱丁・落丁本はお取替えいたします。
※無断での転載・複写・コピー・翻訳を禁じます。